Conception graphique :
François Plassat

118, avenue Achille-Peretti
CS 70024
92521 Neuilly-sur-Seine Cedex

ISBN 13 : 978-2-7499-2686-5
LAF 1855
Dépôt légal : octobre 2015
Achevé d'imprimer en Espagne

Cabu

LE NOUVEAU BEAUF

L'INTÉGRALE

ON NE PEUT PLUS RIEN FAIRE !

Michel Lafon

CHAUFFEUR ! ON RENTRE À LEVALLOIS !
LA DÉLÉGATION ISLAMISTE SERA EN RETARD...
« MIEUX VAUT UN EXCÈS DE CARICATURE QU'UN EXCÈS DE CENSURE » (Sarkozy)
MAHOMET
...ON DÉTESTE LES CARICATURES !
À VENDRE
VOYAGES
SOLDES
BONDAGES

Cabu dans son appartement parisien, le 15 mars 2006. (Photo © AFP/Joel Saget)

COMME CADEAU DE NOËL, UN PORTABLE QUI FAIT TOUT : FAX, MIXER, SANI-BROYEUR...
JE PRÉFÈRE UN BOUQUIN

PRÉFACE

Du nouveau chez le nouveau beauf ?

PAR ERIK EMPTAZ

D'accord, la nouveauté du Nouveau Beauf n'est pas tout à fait nouvelle ! Dans les années 1990, ce qualificatif a marqué une arrivée dans la bande. Le fiston gras du bide à catogan qui travaille dans la communication et tonitrue sa glose péremptoire à presque toutes les pages de ce recueil succédait alors à son père, le mafflu à moustache, Beauf premier du nom.

À la fin de l'année 2014, ce Nouveau Beauf qui commençait à grisonner de la queue-de-cheval s'est vu à son tour remplacé par son propre rejeton. Crâne rasé et diamant à l'oreille, celui-là œuvre « dans l'événementiel ». Boudiné dans un costume aussi étriqué que son cortex, c'est lui qui occupe les dernières planches de cet ouvrage.

Mais qu'il soit fils, père ou grand-père, le Beauf n'a pas d'âge et se moque du nombre des années comme de sa première boisson anisée. Il peut bien changer d'époque, d'atours ou de marque de bière, sa bêtise grossière, comme sa veulerie ou sa vulgarité réputées, résistent à toute nouveauté.

Pourtant, entre le tome I et le tome II de ce livre que vous êtes en train de feuilleter, du « nouveau » a bien frappé la famille Beauf. De plein fouet ! Et avec une telle sauvagerie que des millions de personnes en ont été abasourdies. Le 7 janvier 2015, Cabu a été assassiné. En compagnie de ses (de nos) amis de *Charlie*, il a été, comment l'oublier, massacré par les décérébrés que l'on sait.

Ces deux crétins sanguinaires pensaient le faire taire à jamais. C'est raté ! Tous les strips de ce tome II de l'intégrale du Beauf, tirés du *Canard enchaîné*, montrent une fois de plus à quel point ceux qui ont voulu faire disparaître Cabu se sont trompés. Il n'a pas fini de nous (de vous) manquer, mais la force vive de son trait confère à son œuvre une inoxydable actualité. Dans les pages qui suivent, vous allez le voir illico : même le plus ancien dessin a l'air d'un nouveau.

Erik Emptaz
Rédacteur en chef du *Canard enchaîné*

SOMMAIRE

LE NOUVEAU BEAUF EST UN RÂLEUR

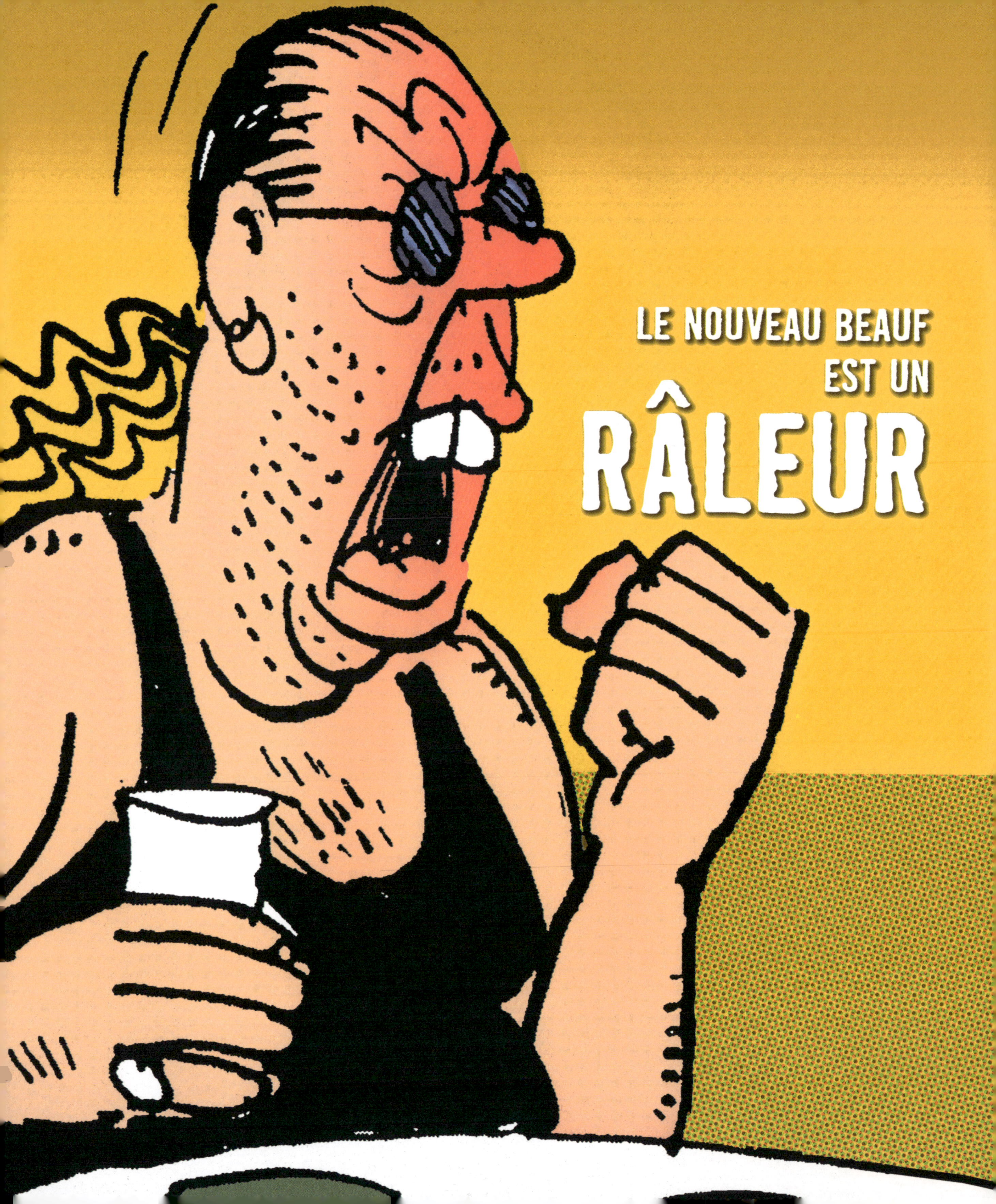

LES NOUVEAUX BEAUFS BOURSICOTEURS

Gouvernement Balladur (1993-1995) : Sarkozy, ministre du Budget et porte-parole du gouvernement.

– LES BANLIEUES EN FEU ?
– NON !.. LES PETITS PORTEURS !
RHÔNE-POULENC NON À L'HOMÉOPATHIE
ELF NON AUX PROJETS D'AUTO ÉLECTRIQUES
LE CROSS DU FIGARO EN AOÛT
CRÉDIT LYONNAI FAISONS RENDR GORGE À TAPIE
EMPRUNT BALLADUR PAS D'INDEXATION SUR EMPRUN RUSSE
– LES BANLIEUES EN FEU ?
– ON LE CRAINT !.. LES PETITS PORTEURS D'EURODISNEY SONT TRÈS EN COLÈRE !

LE PORTE-AVIONS "CHARLES DE GAULLE" ET LES NOUVEAUX BEAUFS

Le porte-avions nucléaire *Charles de Gaulle* a été lancé le 7 mai 1994.

LA REDEVANCE TÉLÉ EST HORS DE PRIX !
LA VIGNETTE AUTO, C'EST LE SCANDALE DU SIÈCLE !
LA CARTE DU "MORPION" C'EST TROP CHER !
ET LE LOUVRE !.. TOUT CET ARGENT GASPILLÉ !..
JE REMARQUE QUE LE BUDGET MILITAIRE NE VOUS SCANDALISE PAS !..
IL N'Y AURA JAMAIS ASSEZ D'ARGENT POUR L'ARMÉE !.. MA RETRAITE D'ADJUDANT EST DÉRISOIRE !

LIBERTÉ, ÉGALITÉ, FRATERNITÉ POUR LES NOUVEAUX BEAUFS

JE NE CROIS PLUS AU DÉBAT POLITIQUE NI AUX HOMMES POLITIQUES
JE SUIS ENCORE RÉPUBLICAIN, MAIS UNIQUEMENT POUR MA BAGNOLE...
LA LIBERTÉ DE CONDUIRE À 200 À L'HEURE
SUR AUTOROUTE...
LA JUSTICE ... POUR LE PERMIS À POINTS...
L'ÉGALITÉ DE CYLINDRÉE ... Y A PAS DE RAISON QUE JE ME FASSE DOUBLER PAR LES GROSSES
LA FRATERNITÉ ... AVEC LES CONTRACTUELLES...
ET JE NE REFUSE PAS UN PEU D'UTOPIE... J'ESPÈRE QU'UN JOUR, LE MOTEUR À EAU...
VOILÀ !.. J'AI RENCONTRÉ UN NOUVEAU BEAUF DE GAUCHE !.. ÇA EXISTE !

LES NOUVEAUX BEAUFS : LE RÊVE ET L'AFFLICTION

LE SALON DE L'AUTO C'EST LE RÊVE...
...ENFIN, C'ÉTAIT...
LE FOOT, C'EST LE RÊVE...
ENFIN... C'ÉTAIT
LE CINÉMA, C'EST LE RÊVE...
...MAIS LA TÉLÉ ?
L'AMOUR C'EST LE RÊVE... SURTOUT AVANT
FINALEMENT, SI... LE 4x4 C'EST DU RÊVE !
POUR UN SALON DU PIÉTON

LES JOURNÉES DU PATRIMOINE DES NOUVEAUX BEAUFS

MÉDIATHÈQUE CLAUDE FRANÇOIS
ON ARRIVE CHEZ MÉMÉ
ÇA A BIEN CHANGÉ…
MACUMBA ÉLECTRO À POIL
VIDE-GRENIERS
SOIRÉE MERGUEZ
RENCONTRE ÉVANGÉLIQUE
ICI, C'ÉTAIT UN CAFÉ-TABAC-ÉPICERIE
CABINET SOCIOLOGUE PSYCHOLOGUE SOPHROLOGUE
LES ANCIENS D'ALGÉRIE, ILS APPRENNENT LA COUNTRY!
ESPACE ÉPILATION
LÀ, C'ÉTAIT UN COIFFEUR
MOI, JE LOUE MES CHAMPS AUX ÉOLIENNES ET ÇA ME SUFFIT…
AVEC TOUT ÇA, ON N'A PAS ENCORE VU MÉMÉ
COUCOU, C'EST MÉMÉ! L'AMOUR EST DANS LE PRÉ! JE VOUS PRÉSENTE PÉPÉ VIAGRA!

LES NOUVEAUX BEAUFS : C'EST LA FIN DE NOS LIBERTÉS

BRASSERIE
ON NE PEUT PLUS RIEN FAIRE!
ON NE PEUT PLUS PIRATER LES C.D ET LES D.V.D…
ON NE PEUT PLUS BOIRE TOUT SON SAOUL DANS LES OPEN-BARS…
BIENTÔT ON NE POURRA PLUS BOIRE CHEZ SOI!
ON NE PEUT PLUS COMPTER SUR LE SECRET BANCAIRE DANS CERTAINS PAYS…
ON NE PEUT PLUS COLLER SON GOSSE DANS UN PLACARD QUAND IL VOUS EMMERDE…
ON EST EN DICTATURE! ON NE PEUT PLUS ÊTRE MAÎTRE CHEZ SOI…
SQUAT
ON NE PEUT PLUS ALLER AU BORDEL…
…IL FAUT ROUVRIR LES MAISONS CLOSES ET FERMER LES SQUATS!
ON NE PEUT PLUS COMPTER SUR LE PROGRÈS: ON SAIT QU'ON VIVRA MOINS BIEN QUE NOS PARENTS…
ON NE PEUT MÊME PLUS DÉNONCER SES VOISINS LIBREMENT…
ENFIN, ON PEUT ENCORE SUR INTERNET, MAIS POUR COMBIEN DE TEMPS?

LES NOUVEAUX BEAUFS SONT NOSTALGIQUES

AVANT, C'ÉTAIT LES 30 GLORIEUSES, AUJOURD'HUI C'EST LES 30 MERDEUSES
…30,40,50!
C'ÉTAIT MIEUX AVANT
POUR ACHETER UN BILLET DE TRAIN, C'EST SÛR…
AVANT, ON POUVAIT TOMBER SUR UNE AUTOSTOPPEUSE…
AUJOURD'HUI IL FAUT S'INSCRIRE SUR DES SITES DE COVOITURAGE…
AVANT LE GRAND FILM Y AVAIT UN DOCUMENTAIRE
MAINTENANT ON COUCHE TOUT DE SUITE
C'ÉTAIT MIEUX AVANT
Y AVAIT PLUS DE MOUSTACHUS ET MOINS DE BARBUS
C'ÉTAIT MIEUX AVANT
AVANT IL Y AVAIT UNE VIE PRIVÉE… MAINTENANT Y A DES FEMMES VOILÉES
MOI, JE REGRETTE BEN ALI ET KHADAFI…
…C'ÉTAIT MIEUX AVANT
AVANT, LES ENFANTS ESPÉRAIENT CONNAÎTRE UN MEILLEUR MONDE QUE LEURS PARENTS
SINON, Y AVAIT LA MÉTHODE OGINO
AVANT ON MILITAIT CONTRE LES RÉGIMES AUTORITAIRES
AUJOURD'HUI, ON DIT: "Y A PLUS QUE ÇA À ESSAYER…"
AVANT, ON ÉTAIT GÂTEUX… AUJOURD'HUI, ON EST ALZHEIMER…
…J'AI MÊME OUBLIÉ LES PRÉNOMS DE TOUTES LES NANAS QUE J'AI SAUTÉES!

LES NOUVEAUX BEAUFS : QUAND LE MÉCONTENTEMENT EST CHRONIQUE

TOUS MÉCONTENTS
C'EST LA RENTRÉE GRRR !
LES JOCKEYS SONT EN COLÈRE
PAS LA BONNE DOPE !
LES FEMMES SONT EN COLÈRE CONTRE LEUR CHIRURGIEN ESTHÉTIQUE...
LES PYROMANES SONT MÉCONTENTS
À CAUSE DES POMPIERS !
LES ACTIONNAIRES SONT MÉCONTENTENTS DES SYNDICALISTES
LES SYNDICALISTES SONT MÉCONTENTS DES PATRONS ET LES PATRONS DE LEURS FEMMES...
...QUI PRENNENT DEUX CHANTIERS EN MÊME TEMPS
LES PASSAGERS, EUX, NE SONT JAMAIS CONTENTS...
...POURTANT, ILS ONT LE CHOIX : OU BIEN BRÛLÉS OU BIEN CONGELÉS
SANS COMPTER LES MÉCONTENTS EN TOUTES SAISON...
LES MOTARDS EN COLÈRE
ET SANS OUBLIER, BIEN SÛR...
...LES HÔTELIERS CONTRE LES TOURISTES QUI COUCHENT SANS DINER...
...ET LES TOURISTES CONTRE LES NANAS DE L'ÉTÉ QUI DINENT SANS COUCHER

ON NE PEUT PLUS FUMER…
… MÊME APRÈS L'AMOUR !

LES NOUVEAUX BEAUFS ET LA CRISE : BEAUCOUP DE PERDANTS ET QUELQUES GAGNANTS

AVANT QUAND JE VENDAIS UN PAVILLON, JE POUVAIS ME PAYER UNE DÉCAPOTABLE
AUJOURD'HUI AVEC LA CRISE JE POURRAIS SEULEMENT ME PAYER UNE TROTINETTE
AVANT, QUAND JE VENDAIS UN CABRIOLET, JE POUVAIS M'OFFRIR UNE SEMAINE AUX MALDIVES…
RENA
AUJOURD'HUI …UNE SEMAINE CHEZ MÉMÉ !
(ET ENCORE…)
AVANT, AVEC MA PRIME DE COLONIE, JE POUVAIS ME PAYER UN BERGER ALLEMAND…
AUJOURD'HUI JE SUIS RIDICULE AVEC MON CHIHUAHUA…
AVANT, POUR DRAGUER UNE NANA, J'AVAIS DE QUOI LUI OFFRIR LE RESTO…
MAINTENANT, JE SUIS OBLIGÉ DE LUI PROPOSER DIRECT L'HÔTEL… ÇA MARCHE MOINS BIEN
AVANT, AVEC LA VENTE D'UNE CÔTE DE BŒUF, JE POUVAIS ME PAYER UNE SÉANCE DE KINÉSITHÉRAPEUTE…
… MAIS SI LA CRISE S'AGGRAVE Y'AURA PÉNURIE, Y'AURA MARCHÉ NOIR… ET LÀ, JE POURRAIS ME PAYER DES MASSAGES THAÏLANDAIS AUTANT QUE J'EN VOUDRAIS…

LES NOUVEAUX BEAUFS : ON ÉTOUFFE !

ON NE PEUT PLUS RIEN FAIRE…
ON NE PEUT PLUS ROULER AU DIESEL…
…ON NE PEUT MÊME PLUS BOIRE ET CONDUIRE !
ON NE PEUT PLUS UTILISER TEL DENTIFRICE, ÇA BOUFFE LA PROSTATE…
ON NE PEUT PLUS UTILISER DES SHAMPOOINGS : ILS SONT À L'AMIANTE !
ON NE PEUT PLUS FUMER…
…MÊME APRÈS L'AMOUR !
ET J'AI GARDÉ LE PLUS BEAU POUR LA FIN : BIENTÔT, ON NE POURRA PLUS PLACER SON ARGENT EN SÉCURITÉ DANS LES PARADIS FISCAUX !
C'EST LA DICTATURE !
…MÊME DANS LES DICTATURES, ON POUVAIT !

LES NOUVEAUX BEAUFS JOUENT LA VICTIMISATION

UN COMPLOT DE SPERMATOS M'A PÉNALISÉ DÈS MA NAISSANCE…
UN COMPLOT DE MAUVAISES FÉES S'EST PENCHÉ SUR MON BERCEAU…
COMPLOT DE NOUNOUS ENSUITE…
AU REVOIR LES TRENTE GLORIEUSES BONJOUR LES TRENTE MERDEUSES
UN COMPLOT DE PROFS QUI M'ONT PRIVÉ DE DIPLÔMES…
BAC
COMPLOT JUSQUE SUR UN CHAMP DE COURSE POUR ME PRIVER DE TIERCÉ
COMPLOT DE LA MÉTÉO RESPONSABLE DU TEMPS POURRI…
MÉTÉO NATIONALE MÉTÉO DU CAPITAL
COMPLOT DE MES "EX"…
NOS PENSIONS ALIMENTAIRES
JE DÉNONCERAI TOUS LES COMPLOTS
J'AI UN SCOOP : IL Y A UN COMPLOT DES FOSSOYEURS POUR NOUS FAIRE CREVER !

LES NOUVEAUX BEAUFS VEULENT NÉGOCIER "L'ÉQUIVALENT CO_2"

JE PEUX VOUS DONNER DES IDÉES POUR VOTRE "GRENELLE DE L'ENVIRONNEMENT...
LES PILES AU MERCURE, JE LES JETTE DANS LA POUBELLE DU VOISIN...
...ET MES ACCUS, JE LES DÉPOSE DEVANT CHEZ LUI : SON CHIEN FAIT SES BESOINS SUR MON PAILLASSON...
POUR RENDRE LA MER AUSSI PROPRE QU'ON L'A TROUVÉE C'EST FACILE...
CANARD WC
MODÈLE GÉANT
POUR LES REJETS DE MÉTHANE DES VACHES, EMPRISONNONS-LES DANS LES CAVITÉS DU SOL...
ET POUR LES REJETS DE CO², LA DÉMOGRAPHIE QUI BAISSE NOUS AIDE : AU DARFOUR, EN IRAK ...
...OU DEMAIN EN IRAN, ÇA NOUS DONNE DES MARGES DE MANOEUVRE À NOUS
...C'EST POUR ÇA QUE JE PEUX BIEN ÉCRASER UN "VELIB'" DE TEMPS EN TEMPS !

LE PERMIS À POINTS DES NOUVEAUX BEAUFS

C'EST DE PLUS EN PLUS DUR DE RACHETER DES POINTS POUR MON PERMIS À POINTS...
NON!
N'INSISTEZ PAS! JE NE VEUX PAS VENDRE MES POINTS!
N'INSISTEZ PAS! LES HÉRITIERS REFUSENT DE VENDRE DES POINTS!
VIVEMENT LE PARIS-DAKAR...
...ICI, Y A PAS DE PERMIS À POINTS!

LES NOUVEAUX BEAUFS : QUAND LA FEMME CONDUIT, L'HOMME TRINQUE

C'EST PAS LA VITESSE...
C'EST PAS L'ALCOOL...
C'EST PAS L'INDIVIDUALISME FORCENÉ...
C'EST PAS LA FORMATION DES AUTO-ÉCOLES...
C'EST PAS LA PUB POUR LES GROSSES CYLINDRÉES...
C'EST PAS LE TÉLÉPHONE AU VOLANT...
C'EST PAS L'INCIVISME...
C'EST PAS LE TÉLÉ-PHONE AU VOLANT...
C'EST LA FAUTE DES FEMMES!
FEMME AU VOLANT LA MORT AU TOURNANT
5800 CONDUCTEURS TUÉS, 2300 CONDUCTRICES SEULEMENT... ELLES NE RESPECTENT PAS LA PARITÉ!

LES NOUVEAUX BEAUFS
FAUT-IL SE FAIRE VIOLENCE POUR RESTER CALME ?

De mars à mai 2003, la Seconde Guerre du Golfe voit la victoire de la coalition menée par George Bush Jr. contre Saddam Hussein.

LA VIOLENCE RECULE
AUTREFOIS, L'ENNEMI C'ÉTAIT LE VOISIN… ON SE BATTAIT VILLAGE CONTRE VILLAGE…
CANTON CONTRE CANTON…
PROVINCE CONTRE PROVINCE…
NATION CONTRE NATION VOISINE
AUJOURD'HUI, IL FAUT FAIRE 10 000 KILOMÈTRES POUR RENCONTRER SON ENNEMI
MONDIALISATION… DESHUMANISATION…
MAIS ON PEUT COMPTER SUR LE PÉTROLE POUR PERPÉTUER LES CONFLITS DE PROXIMITÉ !

LES NOUVEAUX BEAUFS ET LES VACHES MAIGRES

L'IMMOBILIER ET LA BAGNOLE ÇA NE MARCHE PLUS…
À VENDRE À DÉMOLIR
À VENDRE À JETER
LA VENTE PAR CORRESPONDANCE ÇA NE MARCHE PLUS…
VIAGRA
LA DANSEUSE DU VENTRE, NON PLUS LES PIÈCES, ÇA TIENT PAS DANS LES PLIS…
LA PETITE SOURIS, ÇA NE MARCHE PLUS…
RIEN
L'ANGE DE LA CRÈCHE NON PLUS…
METTEZ UNE PIÈCE, L'ANGE VOUS DIRA MERCI
JE JETTE DE LA FAUSSE MONNAIE DANS LES FONTAINES…
ÇA TOMBE BIEN, J'AI PAS ENVIE DE REVENIR…
L'HUMANITAIRE EST EN BERNE…
MÊME LE NOMBRE DE SPERMATOZOÏDES EST EN BAISSE CHEZ LES FRANÇAIS…
ET MÊME LES CASINOS, ÇA NE MARCHE PLUS…
POUR MANGER ET RESTER PROPRE…
LA CRISE

LES NOUVEAUX BEAUFS : GROSSE DÉPRIME !

FINI LE CIGARE, FINI LE DAKAR, MAIS TOUJOURS PLUS DE RADARS !
ON EST EN DICTATURE !
IL NE FAUT PAS BRISER UN RÊVE...
OUAIS ! IL NOUS RESTAIT QUE L'APPEL DU DÉSERT...
ET POUR LES POPULATIONS, Y AVAIT DES RETOMBÉES NON NÉGLIGEABLES...
PUISQUE C'EST COMME ÇA, ON IRA REBOUCHER LES RARES PUITS QU'ON LEUR AVAIT CREUSÉS
ON LEUR APPORTAIT LE SALON DE L'AUTO À DOMICILE
ON DEVAIT LEUR VENDRE DES RADARS À CHAMEAUX
MAIS L'ÉQUIVALENT CO2 DU DAKAR !
MON PETIT MONSIEUR, MOI, J'AI FAIT L'ARMÉE... ET CHAQUE FIN D'ANNÉE, JE...
...JE BRÛLAIS JOUR ET NUIT LES QUOTAS D'ESSENCE POUR AVOIR LES MÊMES L'ANNÉE SUIVANTE ! AVEC MON 4x4 DU DAKAR JE FERAI PAREIL POUR VOUS EM...

LES NOUVEAUX BEAUFS : NON À LA DICTATURE !

Natascha Kampuch a été séquestrée de 1998 à 2006 en Autriche, par Wolfgang Priklopil.

BAR
ON NE PEUT PLUS RIEN FAIRE !
ON NE PEUT PLUS FUMER...
ON NE POURRA PLUS PROFITER DES "HAPPY HOURS" !
HAPPY HOURS 17h-20h 2 CONSOS POUR LE PRIX D'UNE
...NI DES 4x4 !
ON NE PEUT PLUS CONDUIRE AVEC UN VERRE DANS LE NEZ !
ON NE PEUT PLUS ENTRER DANS UNE SECTE !
ON NE PEUT PLUS BIZUTER !
ON NE PEUT MÊME PLUS SE TAPER DES MINEURES QUI ONT L'AIR D'AVOIR 25 ANS !
YA ! Z'EST GOMME MOI EN AUDRICHE ! CHE PEUX MÊME BLUS ME DAPER MES FILLES DANS MA CAFE !!

LES NOUVEAUX BEAUFS PERDENT LEURS REPÈRES

L'ancien ministre de l'Éducation Claude Allègre prend, dans *L'Express*, le 21 septembre 2006, des positions qui en font l'un des leaders des « climato-sceptiques ».

AUJOURD'HUI, TOUT EST REMIS EN QUESTION...
FREUD EST REMIS EN QUESTION...
JE COMPRENDS POURQUOI JE FAIS AUTANT DE RÊVES DÉBILES...
LE RÉCHAUFFEMENT CLIMATIQUE EST REMIS EN QUESTION...
L'ACHAT D'UN STRING POUR CET ÉTÉ EST REMIS EN QUESTION
LE TABAGISME PASSIF EST REMIS EN QUESTION
Z'AURIEZ PAS UNE CLOPE ?
LE DIESEL EST REMIS EN QUESTION...
ON M'AVAIT FAIT CHANGER MA BAGNOLE À ESSENCE... REMBOURSSEZ !
LE BIO EST REMIS EN QUESTION
BIENTÔT, LES PESTICIDES SERONT PLEIN DE VITAMINES
C'EST COMME LES ARMES DE DESTRUCTION MASSIVES...
ÇA M'A FOUTU UN COUP QUAND ON M'A DIT QUE C'ÉTAIT PAS VRAI
C'EST COMME JOHNNY : C'EST PAS UNE COMPRESSE QUI AVAIT ÉTÉ OUBLIÉ DANS LE VENTRE...
...C'EST UNE BOUTEILLE DE WHISKY !

LES NOUVEAUX BEAUFS : NOT' LIBERTÉ COMMENCE LÀ OÙ S'ARRÊTE CELLE DES AUTRES

LA VITESSE, C'EST PAS ÇA QUI EST DANGEREUX !..
L'ALCOOL, C'EST BON POUR LE COEUR !
UN JOINT AU VOLANT, ÇA CALME !
LE PASTIS C'EST PLEIN DE VITAMINES !
L'AUTRE JOUR, J'AI FAIT 30 KILOMÈTRES SUR L'AUTOROUTE À CONTRESENS...
...C'EST LE PÉAGE QUI M'A ARRÊTÉ !
ILS ONT VOULU ME FAIRE PAYER DIS DONC !
C'EST UNE HONTE ! QUAND ON FAIT 30 KILOMÈTRES SUR L'AUTOROUTE À CONTRESENS...
...ON DEVRAIT ÊTRE REMBOURSÉ !

MICRO-TROTTOIR AVEC LES NOUVEAUX BEAUFS

LYON, PARIS, ET MAINTENANT MARSEILLE : PARTOUT "L'ESPRIT VÉLIB'" PROGRESSE...
A VÉLO ON DÉPASSE LES AUTOS
JE PROTESTE ! AVEC MON 4x4 JE VAIS PLUS VITE QU'À VÉLO !
FAISONS LA COURSE, VOUS VERREZ !
PRÊT ?
J'ARRIVERAI 1er VOUS VERREZ
JE NE SUIS PAS ANTI-ÉCOLO...
...MAIS JE VEUX CHOISIR MON ÉCOLOGIE...
PERSONNELLEMENT, JE SUIS POUR LE COVOITURAGE !

LES NOUVEAUX BEAUFS IGNORENT LES GENDARMES DE LA C.O.B.

En 2007 et 2008, une enquête pour délit d'initié frappe les directions d'Airbus et du groupe EADS.

MA VIE EST UN LONG DÉLIT D'INITIÉ...
...INITIÉ AUX JEUX DE RÉCRÉATION DANGEREUX...
INITIÉ AU JEU DU FOULARD ET DU SAC EN PLASTIQUE...
...INITIÉ AU BIZUTAGE...
...INITIÉ POUR EN FAIRE LE MOINS POSSIBLE...
...MAIS INITIÉ POUR EN FAIRE BAVER AUX AUTRES...
DRH
INITIÉ AU DOPAGE...
...INITIÉ PAR MADAME IRMA...
QUELLES ENTREPRISES VONT CREVER CET HIVER ?
MAIS POUR LE DÉLIT D'INITIÉ DANS L'AFFAIRE EADS, J'EXIGE LA PRÉSOMPTION D'INNOCENCE, COMPRIS ?

LES NOUVEAUX BEAUFS JOUENT DE PLUS EN PLUS AUX JEUX D'ARGENT

En 2008, la villa corse de Christian Clavier, proche du président Sarkozy, est menacée par des indépendantistes et gardée par des gendarmes.

1 GRAMME D'ALCOOL
1 PATER ET 1 AVE
SÉGOLÈNE DEMANDE PARDON POUR VOUS
3 POINTS EN MOINS
ET 5 DE CHANEL ?
3 RADARS DÉTRUITS
5 LE NIVEAU D'ALERTE POUR LA GRIPPE MEXICAINE
DÉTECTEUR DE CHALEUR
1+1+1+3+3+5 ÉGAL 14... C'EST LE NOMBRE DE GENDARMES QUI GARDENT LA VILLA DE CHRISTIAN CLAVIER EN CORSE
LOTO
14 C'EST MON PORTE-BONHEUR POUR REPRENDRE DU FRIC À L'ÉTAT !

NON À LA FISCALITÉ VERTE !

OUI ! JE ROULE EN 4×4...
...ET J'AI DES COUCHES CULOTTES !
cabu

POLITIQUE ÉTRANGÈRE : DÉGÂTS COLLATÉRAUX POUR LES NOUVEAUX BEAUFS

En 2011, une guerre civile en Lybie conduit à la chute de Mouammar Kadhafi.

LES INSURGÉS LIBYENS ! ILS ONT LE MÊME 4×4 QUE MOI !
ÇA M'EN-COURAGE !
MOI AUSSI, JE SUIS EN GUERRE ... CONTRE LES CYCLISTES !
CRACK
...ET CONTRE LES RADARS !
...PARCE QUE JE SUIS UN VRAI ANARCHISTE, MOI !... COMME BRASSENS !
NON LES BRAVES GENS N'AIMENT PAS QUE L'ON SUIVE UNE AUTRE ROUTE QU'EUX
ATTENTION !
TU AS PRIS L'AUTOROUTE À CONTRESENS !

LES NOUVEAUX BEAUFS : ÇA SENT LA FIN DES AMOURS DE VACANCES

C'EST UNE VRAIE PANNE !... EH BEN, SI TU ME CROIS PAS...
POUF POUF
...C'EST TOI QUI VAS ALLER CHERCHER DE L'ESSENCE, NA !
D'APRÈS LES STATISTIQUES, L'ESPÉRANCE DE VIE D'UN PIÉTON SUR AUTOROUTE EST DE 20 MINUTES...
FAUT RELATIVISER L'ESPÉRANCE DE VIE SUR UNE DÉPARTEMENTAL ÇA PEUT FAIRE DEUX JOURS...
...SUR UN CHEMIN DE ST JACQUES DE COMPOSTELLE C'EST SELON...
...SUR UN SENTIER DE MONTAGNE, C'EST PLUS OU MOINS LONG...
AH ! LA REVOILÀ ! DÉJA... FINALEMENT, JE M'EN DOUTAIS : PERSONNE N'EN VEUT DE CETTE EMMERDEUSE !

LES NOUVEAUX BEAUFS : "FAIS À AUTRUI CE QUE T'AS SUBI DANS TA VIE"

HUMILIÉ
J'AI TOUJOURS ÉTÉ HUMILIÉ
HUMILIÉ
BAC
HUMILIÉ
HUMILIÉ
GASTON !
HUMILIÉ PAR JEAN-PIERRE FOUCAULT
quel est le prénom de Jacques Chirac ?
HUMILIÉ MÊME PAR LE DISTRIBUTEUR : C'EST LE SUIVANT QUI RAMASSE TOUT !
MAIS JE N'AI PAS L'INTENTION D'APPRENDRE À PILOTER...
MÊME EN ULM, JE SERAIS ENCORE HUMILIÉ...
NON ! JE VAIS ME CONVERTIR À UNE RELIGION QUI ME PERMETTRA D'HUMILIER MA FEMME...
RELIGION
...ET J'AI LE CHOIX !

LES NOUVEAUX BEAUFS : PARTOUT, ÇA VA MAL...

ÇA VA MAL CHEZ MES VOISINS
FÊTE DES VOISINS
ÇA VA MAL CHEZ BAYROU
CONGRÈS DU MODEM
ÇA VA MAL CHEZ MA FEMME
QUAND EST-CE QUE TU QUITTES TA SALOPE ?
ÇA VA MAL CHEZ MA MAÎTRESSE
QUAND EST-CE QUE TU QUITTES TA PÉTASSE ?
ÇA VA MAL CHEZ LES RÉMOULEURS
ENCORE QU'ON SENT LA REPRISE, Y A COMME UN FRÉMISSEMENT...
ÇA VA MAL CHEZ JOHNNY
ÇA VA MAL CHEZ LES CORMORANS
NOIR C'EST NOIR
DRIIIING
ALLO ?
ÇA VA MAL CHEZ LES TRAPÉZISTES
ÇA VA MAL ÇA VA MAL
TU PENSES À MON AUGMENTATION ?
SINON JE CRIE !
Y A QUE CHEZ JEAN-PIERRE PERNAUT QUE ÇA VA BIEN !
NE PLEUREZ PAS, PETITE MADAME, SI ON FERME VOTRE BUREAU DE POSTE...
...RÉJOUISSEZ-VOUS PLUTÔT QUE LE GOUVERNEMENT FASSE DES ÉCONOMIES SUR UN SERVICE PUBLIC AUSSI DISPENDIEUX

Fin 2009, Johnny Hallyday est placé en coma artificiel aux États-Unis, à la suite d'une opération ratée.

LES NOUVEAUX BEAUFS EN DEHORS DES CLOUS

MOI J'AI TOUJOURS ÉTÉ UN REBELLE ...COMME JOHNNY...
BOIRE OU CONDUIRE ? ...LES DEUX !
"FUMER TUE" ...M'EN FOUS, JE TROMPE LA MORT !
MANGER CINQ FRUITS ET LÉGUMES PAR JOUR ?
JAMAIS ! J'SUIS PAS UNE GONZESSE
MOTO SANS CASQUE ...TOUJOURS !
SORTIR COUVERT ...JAMAIS !
PAS DE PHOTOS INTIMES SUR FACEBOOK ? TIENS ! JE VAIS ME GÊNER !..
PAS DE COMPTES EN SUISSE ? TIENS ! À BAS LES FRONTIÈRES
J'AI TOUJOURS ÉTÉ UN REBELLE !
MAIS POUR ME FAIRE SOIGNER, CE SERA TOUJOURS LA FRANCE !

LES NOUVEAUX BEAUFS : NON AU MATRACAGE FISCAL

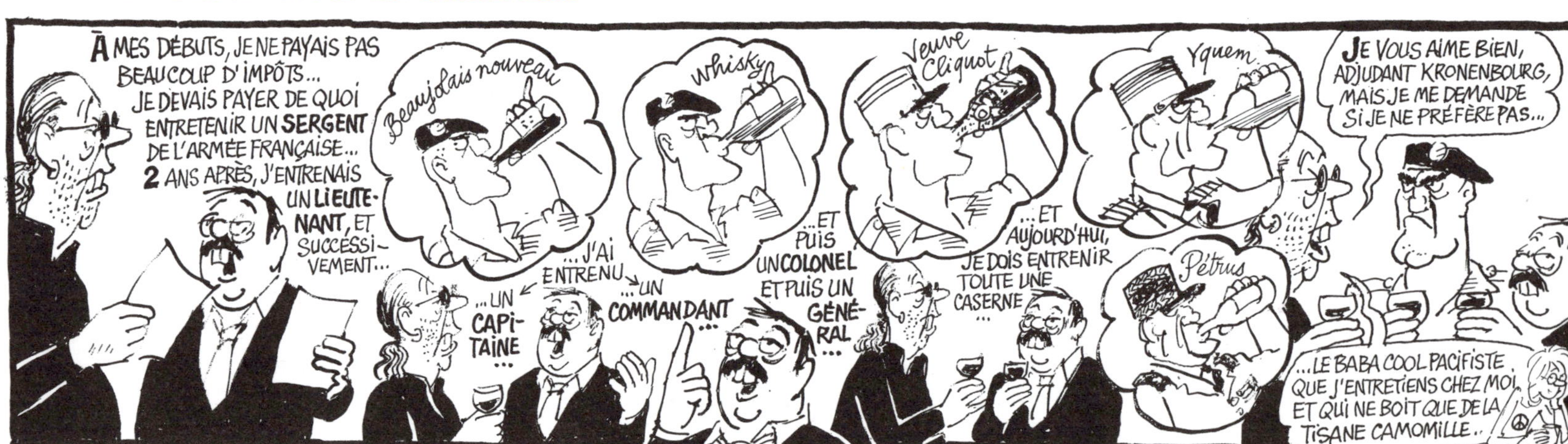
À MES DÉBUTS, JE NE PAYAIS PAS BEAUCOUP D'IMPÔTS... JE DEVAIS PAYER DE QUOI ENTRETENIR UN SERGENT DE L'ARMÉE FRANÇAISE... 2 ANS APRÈS, J'ENTRENAIS UN LIEUTENANT, ET SUCCESSIVEMENT...
Beaujolais nouveau
...J'AI ENTRENU
...UN CAPITAINE...
...UN COMMANDANT...
Whisky
...ET PUIS UN COLONEL ET PUIS UN GÉNÉRAL...
Veuve Cliquot
...ET AUJOURD'HUI, JE DOIS ENTRENIR TOUTE UNE CASERNE
Yquem
Pétrus
JE VOUS AIME BIEN, ADJUDANT KRONENBOURG, MAIS JE ME DEMANDE SI JE NE PRÉFÈRE PAS...
...LE BABA COOL PACIFISTE QUE J'ENTRETIENS CHEZ MOI ET QUI NE BOIT QUE DE LA TISANE CAMOMILLE..

LES NOUVEAUX BEAUFS VEULENT CHOISIR L'AFFECTATION DE LEURS IMPÔTS

MOi, AVEC MES IMPÔTS...
...QUAND J'ÉTAIS DÉBUTANT, J'ENTRETENAIS AU MOINS UN SERGENT
DÉCLARATION D'IMPÔTS
...ENSUITE UN ADJUDANT, ET GRÂCE À DE L'AVANCEMENT, J'AI ENTRENU UN COLONEL !...
...AUJOURD'HUI QUE JE SUIS RICHE, JE DOIS ENTRENIR TOUT UN RÉGIMENT, TOUTE UNE CASERNE !
VOUS N'AIMERIEZ PAS PLUTÔT ENTRETENIR... HEU... UN HOPITAL?
MOI, MON PETIT MONSIEUR, EST-CE QUE J'AI UNE TÊTE À VIDER DES BASSINS ?

LES NOUVEAUX BEAUFS, L'EUROPE EST MAL PARTIE

En mars 2011, l'affaire du Carlton de Lille implique plusieurs personnalités accusées de proxénétisme aggravé, dont Dominique Strauss-Kahn, blanchi en 2015.

JE NE VEUX PAS PAYER POUR LA GRÈCE !
JE NE VEUX PAS PAYER POUR L'ALLEMAGNE !
JE NE VEUX PAS PAYER POUR LES PAYS ÉMERGENTS...
...ON PAYE DÉJÀ ASSEZ CHER AU CLUB MED...
JE NE VEUX PAS PAYER POUR L'ESPAGNE
BARCELONE
ILS NE M'ONT JAMAIS REMBOURSÉ LA CORRIDA ANNULÉE
JE NE VEUX PAS PAYER POUR L'ITALIE AU PRIX QU'IL FONT PAYER LE BUNGA-BUNGA!
...ET JE NE VEUX PAS PAYER POUR LA GROSSE LULU DU CARLTON DE LILLE, ELLE ÉTAIT RETENUE PAR UN GROS CLIENT !

LES NOUVEAUX BEAUFS PRÉSERVENT LE SECRET DE L'ISOLOIR

JE DÉBALLE TOUT DANS LES DÉBATS-TÉLÉ...
...MAIS MOI, JE SUIS UN ÉJACULATEUR NON PRÉCOCE...
MOTARD EN COLÈRE
JE NE ME GÊNE PAS POUR AFFICHER MES OPINIONS...
JE SUIS CONTRE LA POLYGAMIE ...POUR LES ÉTRANGERS
J'OSE EXPRIMER MES CONVICTIONS DANS LES STADES...
RETOURNE DANS TON COCOTIER!
...OU MÊME DANS LA RUE...
À BAS LA GESTIMPÔT
MAIS JE SUIS CONTRE LES MICROS-TROTTOIR...
SORTI DES URNES, DITES-NOUS, MONSIEUR POUR QUI VOUS AVEZ VOTÉ
AH NON! ÇA C'EST MA VIE PRIVÉE!

LES NOUVEAUX BEAUFS VICTIMES DE DISCRIMINATIONS

Le mouvement des Indignés naît en Espagne en mai 2011.

POURQUOI JE N'AI PAS UNE BELLE PROPRIÉTÉ COMME ÇA, MOI ?
POURQUOI JE N'AI PAS UNE BELLE BAGNOLE COMME ÇA, MOI ?
POURQUOI JE N'AI PAS UNE BELLE NANA COMME ÇA, MOI ?
ALORS SI VOUS VOUS LANCEZ DANS UNE MANIF DES "INDIGNÉS" J'IRAI AVEC VOUS !
HAUT
BAS

LES NOUVEAUX BEAUFS, EXILÉS VROUM VROUM

En janvier 2012, le rallye Paris-Dakar passe par le Pérou.

ON EST DES VACHES À LAIT !
AU PRIX QUE ÇA COÛTE DE RACHETER DES POINTS DE PERMIS !
100
LES RADARS, ON NE PEUT PLUS LES BRÛLER Y EN A TROP !
D'ABORD "BOIRE OU CONDUIRE" J'VEUX PAS CHOISIR
SI ON VOULAIT NOUS DÉGOÛTER DE LA BAGNOLE, EH BIEN, BRAVO, C'EST RÉUSSI !
VOUS VENEZ DE FRANCHIR LE ROND-POINT PAR LE MILIEU !
LA FRANCE N'AIME PAS SES AUTOMOBILISTES ! JE LA QUITTE,... COMME DEPARDIEU !
À NOUS LE DAKAR ! À NOUS LE PÉROU ! LE PAYS DE TINTIN !
ET ICI, PAS DE RADAR NI DE ROND-POINT...
DAKAR
LE DÉSERT POUR REDÉCOUVRIR LE PLAISIR DE L'AUTOMOBILE... ET DE LA PANNE...
C'EST LE GICLEUR !
Cabu

LES NOUVEAUX BEAUFS : VIVE LA MONDIALISATION

En janvier 2013, la star du foot anglais David Beckham signe avec le PSG.

EN TEMPS DE CRISE, Y A DES TRUCS QU'ON N'OSE PLUS FAIRE...
... ON N'OSE PLUS S'OFFRIR LES PETITS PLAISIRS DE LA VIE... UNE SIMPLE COUPE DE CHAMPAGNE...
... OU UNE BOUTEILLE DE "VEUVE CLIQUOT" QU'ON SE TAPE COMME ÇA...
MMM... DU 43 !
... OU BIEN CLAQUER 20 FOIS LE SMIC AU CASINO...
EN BUVANT DU "MOËT & CHANDON...
... OU UN JACOUZI AVEC DU CHAMPAGNE RAS LA BAIGNOIRE...
SI ! TOUT ÇA EST ENCORE POSSIBLE AVEC MON AMI QATARI : IL VA VOUS INVITER À LA RÉCEPTION DE BECKHAM AU BORD DE SA PISCINE OLYMPIQUE REMPLIE DE CHAMPAGNE !

LES NOUVEAUX BEAUFS DÉFENDENT LES TRADITIONS

En octobre 2013, la grogne dite des « bonnets rouges » part de Bretagne, fédérant des opposants à l'écotaxe.

"PEUT-ON DISPOSER DU CORPS D'AUTRUI ?" C'EST LE DÉBAT ACTUEL SUR LA PROSTITUTION
HEUREUSEMENT QU'ON PEUT ENCORE BIZUTER !
TU TE RAPPELLES LA POTION DÉGUEU-LASSE QU'ON FAISAIT BOIRE À NOS BIZUTHS DE NOTRE ÉCOLE DE COMMERCE ?
ET L'ÉPREUVE DE LA POUTRE...
...À POIL AVEC UNE OLIVE DANS LE DERRIÈRE AH ! AH !
ET LE PLACARD !... UN BIZUTH MÂLE PEINT EN ROUGE ET UNE NANA PEINTE EN BLEU...
...ILS DOIVENT SORTIR DU PLACARD PEINTS EN MARRON AH ! AH !
IL Y EUT QUELQUES PETITS ACCIDENTS... MAIS L'ESSENTIEL ÉTAIT DE CRÉER CET ESPRIT DE CORPS...
...QUI SE FAIT DANS LA DOULEUR ET LE PANURGISME...
AUJOURD'HUI, C'EST LE "MATRAQUAGE FISCAL" QUI A CRÉÉ L'ESPRIT DE CORPS DES BONNETS ROUGES...

LES NOUVEAUX BEAUFS SAVENT MILITER POUR LES GRANDES CAUSES

EN FRANCE, ON NE PEUT PLUS RIEN FAIRE !
ON EST EN DICTATURE ! IL FAUT RÉAGIR !
IL Y A EU LA MARCHE DE GANDHI...
LA GRANDE MARCHE DE MAO...
SANS OUBLIER JÉSUS MARCHANT SUR LES EAUX
N'OUBLIONS PAS LA MARCHE DES BEURS...
ET LA MARCHE DE MARTIN LUTHER KING
SANS OUBLIER LE PREMIER HOMME QUI A MARCHÉ SUR LA LUNE...
EH BIEN, NOUS AUSSI, SOYONS DES REBELLES !
ORGANISONS LA MARCHE DE CEUX QUI VEULENT ALLER AUX PUTES SANS ÊTRE EMMERDÉS !
HEU... J'AI DES GODASSES QUI FONT MAL AU PIED !

LE NOUVEAU BEAUF EST DANS LA COM'

LES NOUVEAUX BEAUFS CONFONDENT POPULAIRE ET POPULISME

TU MÉLANGES TOUT :
BONIMENTS ET CONVICTIONS
BAGOUT ET CULTURE
SUPERSTITION ET CONNAISSANCE
SECTE DES KADORS
TU CONFONDS MÊME PÉDALO ET YATCH !
ET MOI ! J'AI CONFONDU TOI... ET TAPIE !
PHOCÉA
cabu

LES NOUVEAUX BEAUFS DE LA MAFIA

BONJOUR M'DAME
JE VOUDRAIS PRENDRE DES LEÇONS DE MAINTIEN
cabu
BAISE-MAIN
RINCE-DOIGTS
ROND DE JAMBES
J'AI DU MAL, MAIS JE FAIS DES EFFORTS...
CIMETIÈRE
L'AUTRE JOUR, J'AI MÊME LAISSÉ PASSER UNE DAME DEVANT
JE VOUS EN PRIE !

LES NOUVEAUX BEAUFS : SUPPRIMONS LES JOURNALISTES

En 1994, l'amendement Marsaud visait à interdire la publication de toute information à propos d'une personne « faisant l'objet d'une enquête ou d'une instruction judiciaire ». L'amendement fut rejeté par le Sénat.

GRÂCE À L'AMENDEMENT MARSAUD JE N'AURAI PLUS BESOIN D'ATTACHÉE DE PRESSE...
JE N'AURAI PLUS BESOIN DE SOUDOYER LES JOURNALISTES LOCAUX...
NI DE ME TAPER LE GALA DE LA PRESSE...
JE NE SAURAI PLUS QUI COUCHE AVEC QUI... DOMMAGE...
MAIS JE POURRAI FAIRE MES... EUH TRANSACTIONS SANS QUE ÇA SE SACHE...
VILLA
PAPA JE VOUDRAIS ÊTRE JOURNALISTE !
TU QUOQUE MI FILI !
cabu

LES NOUVEAUX BEAUFS À L'AUBE DE L'AN 2000

IL AURA FALLU COMBIEN DE CONFÉRENCES INTERNATIONALES SUR LE SIDA...
PRÉSERVATIF
COMBIEN DE CAMPAGNES DE PUB... COMBIEN D'ÉMISSIONS SPÉCIALES...
TILT!
...POUR QUE LES NOUVEAUX BEAUFS COMPRENNENT ENFIN...
UNE CAISSE DE GRANDES TAILLES
...L'UTILITÉ DU PRÉSERVATIF!
IL FAUT CROIRE EN L'HOMME...
UN JOUR, LES NOUVEAUX BEAUFS DÉCOUVRIRONT L'IMPORTANCE...
...DU DÉSARMEMENT, DE LA PROTECTION DE LA PLANÈTE
ET DE LA DÉMOGRAPHIE...
HIN HIN
RRR
cabu

LES NOUVEAUX BEAUFS DANS LA GUERRE CONTRE LE CHÔMAGE

Le procès de Paul Touvier pour complicité de crime contre l'humanité, du 17 mars au 20 avril 1994, s'achève par sa condamnation à perpétuité.

JE PRENDS BIENTÔT MA RETRAITE, ET J'AIMERAIS PASSER LE FLAMBEAU À UN JEUNE SANS-EMPLOI
ANPE
LE PROCÈS TOUVIER
MERCI DE RAPPROCHER L'OFFRE ET LA DEMANDE... VOUS POUVEZ AFFICHER VOTRE ANNONCE...
PSG
ON DEMANDE UN CHASSEUR DE NAZIS
PRÉSENTÉ PAR SES PARENTS
cabu

LES CHOIX FONDAMENTAUX DES NOUVEAUX BEAUFS

HUTUS OU TUTSIS?
MACHETTES OU HACHOIRS?
CROATES OU SERBES?
ZOULOUS OU A.N.C?
AH!... ON S'EN FOUT!
ET LES CASQUES BLEUS?
...SAIGNANTS OU À POINT?
TOUJOURS CHOISIR ENTRE PAPA ET MAMAN...
TUUT
ALORS? CHIRAC OU BALLADUR?
FAUT QUE TU TE DÉCIDES!
cabu

ON DEMANDE FIGURANTS POUR "GERMINAL"
ON CHERCHE DES "GUEULES NOIRES"... PAS DES TRAVAILLEURS AU NOIR !
Cabu

Germinal (1993), film de Claude Berri d'après Zola, avec Gérard Depardieu et Renaud.

LES NOUVEAUX BEAUFS CORROMPUS JUSQU'À LA MOELLE

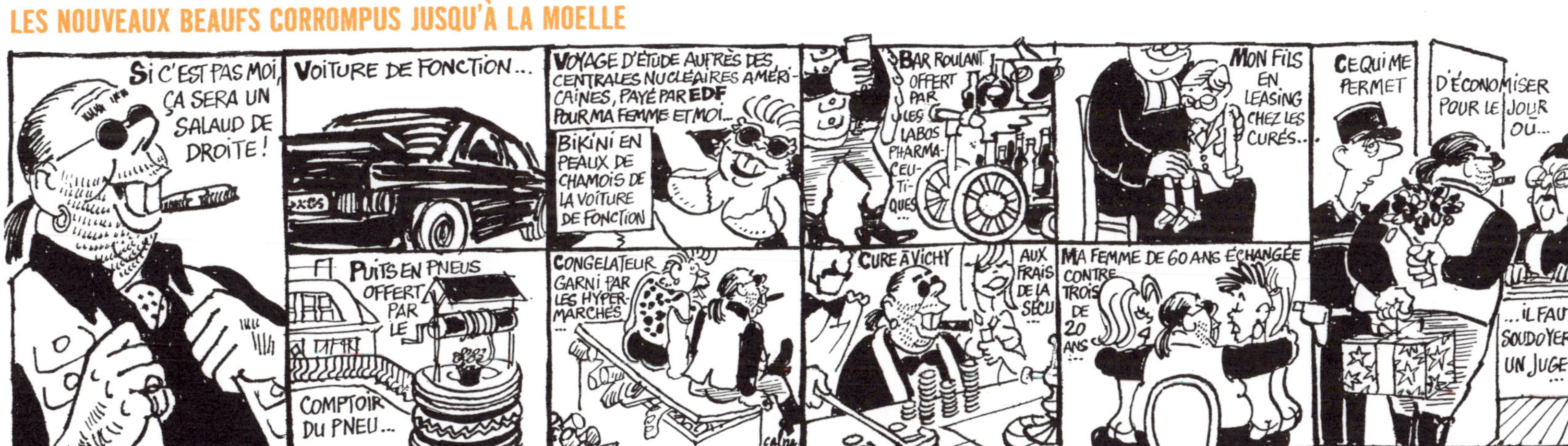
SI C'EST PAS MOI, ÇA SERA UN SALAUD DE DROITE !
VOITURE DE FONCTION...
PUITS EN PNEUS OFFERT PAR LE
COMPTOIR DU PNEU...
VOYAGE D'ÉTUDE AUPRÈS DES CENTRALES NUCLÉAIRES AMÉRICAINES, PAYÉ PAR EDF POUR MA FEMME ET MOI...
BIKINI EN PEAUX DE CHAMOIS DE LA VOITURE DE FONCTION
CONGELATEUR GARNI PAR LES HYPERMARCHÉS ...
BAR ROULANT OFFERT PAR LES LABOS PHARMACEUTIQUES ...
CURE À VICHY
AUX FRAIS DE LA SÉCU ...
MON FILS EN LEASING CHEZ LES CURÉS...
MA FEMME DE 60 ANS ÉCHANGÉE CONTRE TROIS DE 20 ANS ...
CE QUI ME PERMET
D'ÉCONOMISER POUR LE JOUR OÙ...
...IL FAUT SOUDOYER UN JUGE ...

LES NOUVEAUX BEAUFS DU SHOWBIZ

VOUS POUVEZ ADOPTER CES ENFANTS DU SUD-EST ASIATIQUE ...
... SOUMIS À DES CADENCES INFERNALES ...
... CELUI-CI N'EN CONTINUE PAS MOINS DE CHANTER EN TRAVAILLANT...
OUIII ! NOUS L'ADOPTONS !
C'EST MERVEILLEUX ! MAINTENANT IL TRAVAILLE EN CHANTANT !
cabu

LES NOUVEAUX BEAUFS PSYCHO-SOCIOLOGUES

IL FAUT RÉAPPRENDRE LE GRATIFIANT DANS LE LUDIQUE
LES PAYSANS
...LES PÊCHEURS...
...ONT FAIT BAVER D'ENVIE LES JEUNES EN MAL DE COMPÉTITION...
QUAND JE SERAI GRAND, JE SERAI PAYSAN OU PÊCHEUR !
DONNONS-LEUR LEUR CHANCE
CRÉONS LES JEUX OLYMPIQUES DE LA RUE ...
... OÙ LES JEUNES POURRONT SE MESURER AU LANCER DE LISIER !
1
2
3
cabu

LES NOUVEAUX BEAUFS PETITS PORTEURS

JE NE SUIS PAS INQUIET AU SUJET DES PROGRAMMES DE "CANAL PLUS"...
...TANT QU'ILS NE REMPLACENT PAS LE PORNO DU SAMEDI SOIR...
... PAR ... L'ÉCHANGISME BOURSIER DU CONSEIL D'ADMINISTRATION !
cabu

500

LA FRANCE DE "L'AN 2000" …VUE PAR LES NOUVEAUX BEAUFS

GRÂCE AUX AUTOROUTES DE L'INFORMATION ON POURRA, PAR EXEMPLE, VISIONNER SON PROCHAIN VOYAGE… VOICI. L'AVION …
… L'HO-TESSE …
… L'HOTEL ★★★
… LA CHAMBRE D'HOTEL …
… ET LES PETITES ESCLAVES DE BANGKOK !
LES AUTOROUTES DE L'INFORMATION AVAIENT PRÉVU ÇA PAPA ?

LES NOUVEAUX BEAUFS ET LA MONDIALISATION

HIER JE PRÉFÉRAIS MES FILLES À MES NIÈCES…
…MES NIÈCES À MES COUSINES ET MES COUSINES À MES VOISINES…
(À QUELQUES EXCEPTIONS PRÈS)
AUJOURD'HUI JE PRÉFÈRE MES FONDS DE PENSION …
…AMÉRICAINS À MES SALARIÉS FRANCHOUILLARDS !

LES NOUVEAUX BEAUFS : LA SOLUTION POUR LES BALKANS

Durant les guerres de l'ex-Yougoslavie, le président serbe Slobodan Milosevic est à l'origine des massacres du Kosovo.

IL FAUT ENVOYER UN JAMES BOND CONTRE MILOSEVIC
ENVOYER MONICA...
...OU BIEN UN FAUX POPE
OU BIEN LA LISTERIOSE FOUDROYANTE
OU LA VÉNUS DE MILO-SEVIC
OU DU ROCK SATANIQUE
OU BIEN NOS AGENTS SECRETS...
MONSIEUR MILOSEVIC SLOBODAN ?..
BONJOUR ! NOUS SOMMES DU GPS CORSE !

LES NOUVEAUX BEAUFS : PAS CONFONDRE CAMÉLÉON, LA CAME ET LÉON

JOHNNY, JE L'AI TOUJOURS ADMIRÉ ! C'EST UN MEC QUI A TOUJOURS PRIS TOUS LES RISQUES !
JOHNNY À LAS VEGAS
TWISTER
ROCKER
CROONER
HIPPIE
BABA COOL
NEW-AGE
ARMÉE DU SALUT
HARD ROCK
COUNTRY DE TENNESSEE
MAD MAX
FUNKY PUNKY TECHNO
CHEF INDIEN AVEC DES PLUMES DANS LE CUL
...SAUF RAPEUR ! IL EST PAS FOU !.. IL VEUT PAS ALLER EN TAULE !

LES NOUVEAUX BEAUFS INVENTENT UN NOUVEAU VIDE-GRENIER

LA QUINZAINE COMMERCIALE VOUS PROPOSE UN GRAND JEU : VOUS ALLEZ VIDER DE VOTRE INTÉRIEUR TOUS LES OBJETS QUI ONT ÉTÉ FABRIQUÉS EN CHINE
LE GAGNANT SERA CELUI QUI AURA ACCUMULÉ LE PLUS D'OBJETS "CHINOIS"...
SORTEZ TOUT DEVANT VOTRE PORTE !
BIEN ! À L'INTÉRIEUR, IL NE RESTE QU'UN LUSTRE "MURANO"
NOUS AVONS DEUX VAINQUEURS QU'IL VA FALLOIR DÉPARTAGER !
ELLE TRICHE !...SES SOUS-VÊTEMENTS NE VIENNENT PAS DE CHINE...
...MAIS DE TUNISIE !

17 % SEULEMENT BOIVENT DE LA BIÈRE EN REGARDANT LES MATCHS

Qualifications pour la Coupe du monde 1998.

MONSIEUR LE SONDEUR VOULAIT TE RANGER DANS LA CATÉGORIE "SUPPORTER-ALCOOLO"...

L'ADJUDANT KRONEMBOURG ET LA MONDIALISATION

En 1999, le Timor Oriental fait sécession avec l'Indonésie.

À TIMOR, LES HÔTELS NON DÉTRUITS APPARTIENNENT À DES MILITAIRES INDONÉSIENS...
MOI AUSSI, J'AURAIS DÛ FAIRE DES AFFAIRES PENDANT LA GUERRE D'INDOCHINE...
ARBRE À PRÉSERVATIFS
... J'AURAIS DÛ INVESTIR DANS LE CAOUTCHOUC !
ET PENDANT LA GUERRE D'ALGÉRIE, INVESTIR DANS LE PÉTROLE...
... OU DANS UNE ÉCOLE DE DANSE DU VENTRE...
AU LIBAN... UN HOTEL CASINO...
ET AU TCHAD UN HOTEL DE CHARME...
ÇA A UNE AUTRE GUEULE QUE LE CAMPING-CAR DE L'ADJUDANT CHANAL !

LES NOUVEAUX BEAUFS À L'HEURE DE LA CONTRITION

JE GAGNE BIEN MA VIE...
...MAIS JE NE DÉCLARE PAS TOUT AU FISC...
...J'EMPLOIE DES SANS-PAPIERS, ET PARFOIS JE LES DÉNONCE JUSTE AVANT DE LES PAYER...
JE FAIS SAUTER MES CONTRAVENTIONS...
...ET QUAND ÇA NE SUFFIT PAS, JE FAIS SAUTER UN RADAR!
UNE MAÎTRESSE, À QUI J'AI PROMIS LE MARIAGE, ME HARCÈLE DEPUIS 15 ANS...
...ALORS MOI, DEPUIS 15 ANS JE HARCÈLE MES SECRÉTAIRES
OUI, JE LE CONFESSE J'AI PÉCHÉ...
À L'OCCASION DE LA VISITE DU PAPE INDULGENCES PLEINIAIRES À DES PRIX DÉFIANT TOUTE CONCURRENCE
VOUS ACCEPTEZ LA CARTE BLEUE?

VOYEURISME ? PARLONS PLUTÔT DE DONS D'ORGANES DISENT LES NOUVEAUX BEAUFS...

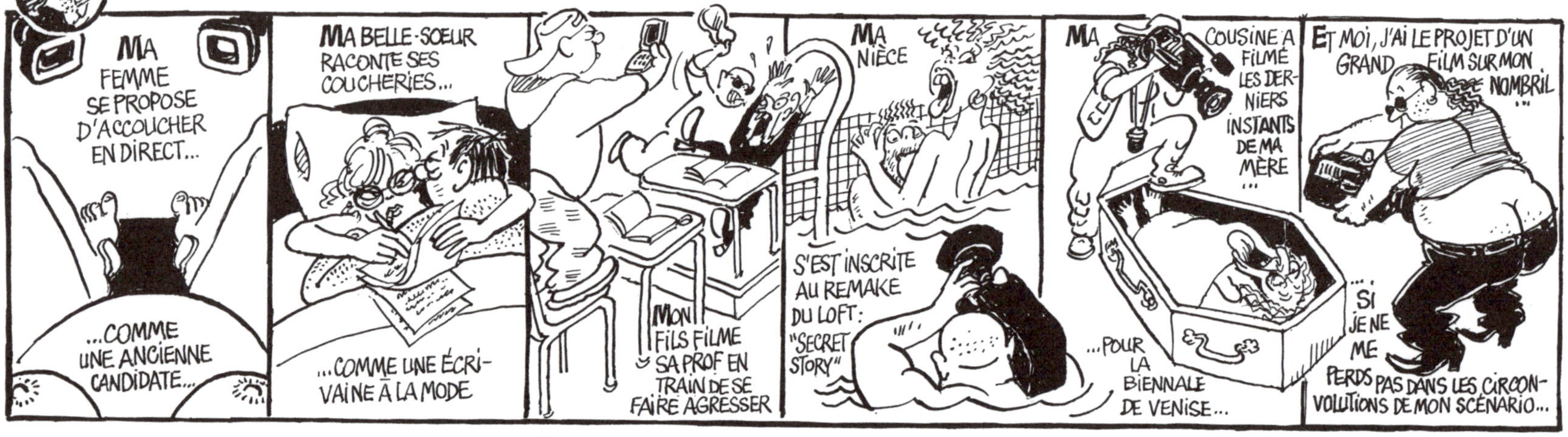
MA FEMME SE PROPOSE D'ACCOUCHER EN DIRECT...
...COMME UNE ANCIENNE CANDIDATE...
MA BELLE-SOEUR RACONTE SES COUCHERIES...
...COMME UNE ÉCRIVAINE À LA MODE
MON FILS FILME SA PROF EN TRAIN DE SE FAIRE AGRESSER
MA NIÈCE
S'EST INSCRITE AU REMAKE DU LOFT: "SECRET STORY"
MA COUSINE A FILMÉ LES DERNIERS INSTANTS DE MA MÈRE...
...POUR LA BIENNALE DE VENISE...
ET MOI, J'AI LE PROJET D'UN GRAND FILM SUR MON NOMBRIL...
...SI JE NE ME PERDS PAS DANS LES CIRCONVOLUTIONS DE MON SCÉNARIO...

MORALISER LE WEB ? ...CE SERAIT DOMMAGE DISENT LES NOUVEAUX BEAUFS

VIVE LE NUMÉRIQUE! SUR INTERNET, ON PEUT FAIRE ÉTALAGE EN TOUTE IMPUNITÉ DE SES DIPLÔMES BIDONS
TOUT D'UN COUP SUR WIKIPEDIA JE SUIS DEVENU X-PONT+ENA +HARVARD
ET POUR DÉNONCER SON VOISIN, C'EST TELLEMENT PRATIQUE LE WEB...
VIVE PÉTAIN
JE PENSE À MON GRAND-PÈRE EN 1940, OBLIGÉ D'ÉCRIRE LETTRES SUR LETTRES À LA KOMMANDANTUR...
SURTOUT NE PAS CHOQUER: RÉCEMMENT, FACEBOOK A CENSURÉ DES IMAGES DE MAMANS QUI ALLAITAIENT LEURS BÉBÉS ET A AUTORISÉ UN SITE DE FANS DE LA MAFIA ITALIENNE
VIVA TOTO RIINA
VIVE LE NUMÉRIQUE FAUT ÊTRE DE SON TEMPS: PARTOUT, MOI, JE PEUX LIRE DES JOURNAUX ET DES LIVRES EN NUMÉRIQUE LE PAPIER C'EST FINI...
HELP! YA DES ENDROITS OÙ LE PAPIER EST IRREMPLAÇABLE!

LES NOUVEAUX BEAUFS RECHERCHENT DES NICHES BANCAIRES

CONSEILLER EN COM'
AH ! VOUS ÊTES UN TRADER AU CHÔMAGE... BON, OUBLIEZ CETTE BANQUE...
...ET CRÉEZ VOTRE BANQUE À VOUS C'EST-À-DIRE UNE **SECTE**, C'EST SANS DANGER : ON N'A JAMAIS VU LA SCIENTOLOGIE EN FAILLITE !
CONFIEZ-MOI VOS ÉCONOMIES, ET JE VOUS PROMETS LE PARADIS !
CAISSE D'EPARGNE
LA CONFIANÇOLOGIE
ACHETEZ MES ACTIONS ÉTERNELLES ! QUI PEUT MIEUX QUE LE TRÈS-HAUT PEUT VOUS GARANTIR LA CONFIANCE ?
INDULGENCE PLÉNIÈRE
LA CONFIANÇOLOGIE

LES NOUVEAUX BEAUFS S'ADAPTENT

En 2003, le projet de réforme de Luc Ferry, ministre de l'Éducation du gouvernement Raffarin, provoque des grèves et des manifestations massives, puis le retrait du projet de loi.

J'ORGANISE LES ENTERREMENTS DE VIE DE JEUNES FILLES, AVEC DINERS DANSANTS, KARAOKÉ...
...COTILLONS ET CHIPPENDALES...
...MAIS JE DÉCONSEILLE À MES JEUNES CLIENTES D'ALLER DANS LA RUE...
VOUS ENTERREZ VOTRE VIE DE GARÇON ?
LUC FERRY
L'ÉDUCATION NLE
CIRCULEZ !...VOUS BROUILLEZ NOTRE MESSAGE !

LES NOUVEAUX BEAUFS ONT LE MORAL EN BERNE

POUR BEAUCOUP DE FRANÇAIS L'AUTOMOBILE, C'EST DU RÊVE...
MAIS
LE RÊVE S'ÉTIOLE AVEC LE PRIX DE L'ESSENCE...
LE FOOT, C'EST DU RÊVE, MAIS COMPROMIS PAR NOS CERVEAUX QUI PARTENT À L'ÉTRANGER
AR LOTO
LE LOTO, C'EST DU RÊVE CONTRARIÉ PAR DE L'HOROSCOPE...
LE CASINO, C'EST DU RÊVE, MAIS ÇA RESSEMBLE TROP À LA CRISE FINANCIÈRE...
UNE MAISON À SOI, C'EST DU RÊVE... ENVOLÉ APRÈS LES SUBPRIMES...
À VENDRE
IL N'Y A QU'UN SEUL PETIT FRANÇAIS QUI VIT SON RÊVE ET QUI S'ÉCLATE...
C'EST MOI !

EMPLOI DES JEUNES : LES NOUVEAUX BEAUFS CHERCHEURS DE TÊTES

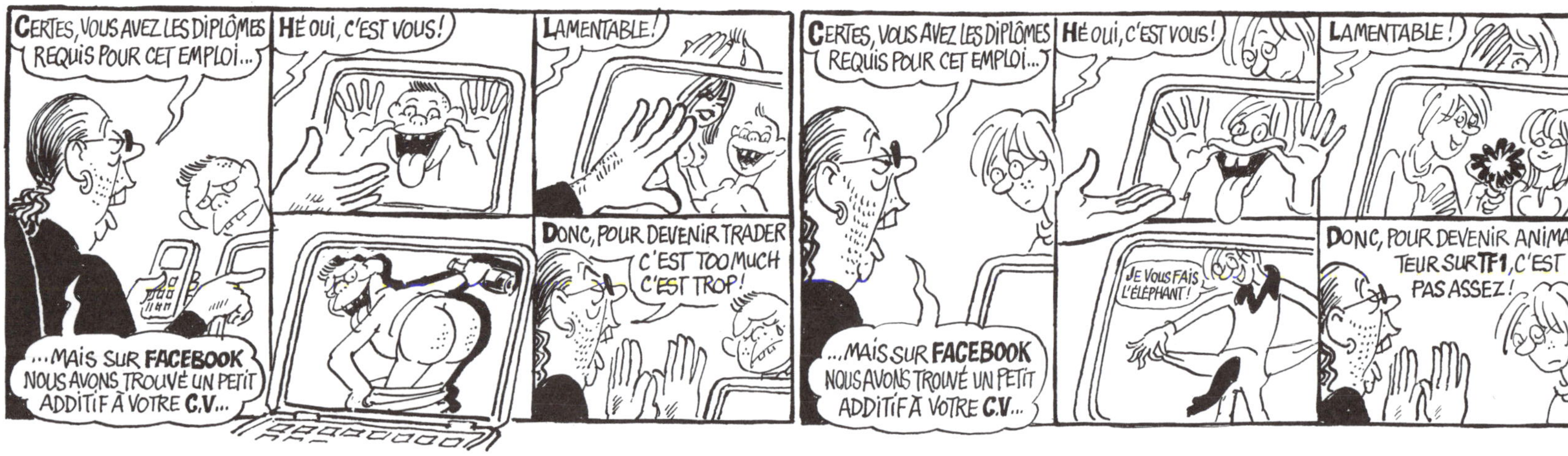
CERTES, VOUS AVEZ LES DIPLÔMES REQUIS POUR CET EMPLOI...
...MAIS SUR FACEBOOK NOUS AVONS TROUVÉ UN PETIT ADDITIF À VOTRE C.V...
HÉ OUI, C'EST VOUS!
LAMENTABLE!
DONC, POUR DEVENIR TRADER C'EST TOO MUCH C'EST TROP!
CERTES, VOUS AVEZ LES DIPLÔMES REQUIS POUR CET EMPLOI...
...MAIS SUR FACEBOOK NOUS AVONS TROUVÉ UN PETIT ADDITIF À VOTRE C.V...
HÉ OUI, C'EST VOUS!
JE VOUS FAIS L'ÉLÉPHANT!
LAMENTABLE!
DONC, POUR DEVENIR ANIMATEUR SUR TF1, C'EST PAS ASSEZ!

LES NOUVEAUX BEAUFS : “QUE DU BONHEUR !”

CHAQUE SOIR, LE CROQUE-MORTS DU 20 HEURES ME FLANQUE LE CAFARD...
DES AVIONS QUI TOMBENT, DES BATEAUX QUI COULENT, DES SKIEURS QUI DÉGRINGOLENT
SOUTIEN PSYCHOLOGIQUE
DES CYCLISTES QUI SE DOPENT
NON?
DES TENNISMEN QUI SE DÉFONCENT
DES OURAGANS À 300 À L'HEURE DES 7 SUR L'ÉCHELLE DE RICHTER DES INONDATIONS QUI DÉGOULINENT
DES ATTENTATS QUI PÈTENT DES KAMIKAZES QUI EXPLOSENT DES GUERRES PERPÉTUELLES
CHANGE DE CHAÎNE!
C'EST ENCORE PIRE! C'EST: "ON CHANGE DE MAMAN"!
ET LA SYPHILLIS QUI REVIENT!
NON! ÇA, C'EST DES PHOTOS DE LA PLANÈTE MARS!
AH! L'ESPACE, C'EST LA SEULE BONNE NOUVELLE POUR L'AVENIR:
ET SI ON ENVOYAIT LES ISRAËLIENS SUR LA LUNE
ET LES PALESTINIENS SUR MARS HEIN?

LES NOUVEAUX BEAUFS : LA TÉLÉRÉALITÉ, ÇA SE DURCIT

POUR "LA FERME DES CÉLÉBRITÉS", ON VA VOUS PRÉPARER COMME LES BÊTES À CONCOURS DU SALON DE L'AGRICULTURE
ÉPOUILLAGE AUX INSECTICIDES ÉPANDAGE AUX PESTICIDES...
HORMONES À TOUS LES REPAS POUR UN ÉLEVAGE INTENSIF...
ANTIBIOTIQUES... SI VOUS VOUS MORDEZ ENTRE VOUS
REPRODUCTION: LES SAILLIES SONT RÉGLEMENTÉES...
ENFIN IL FAUT QUE VOUS LE SACHIEZ: LES PERDANTS SERONT DIRIGÉS VERS L'ÉQUARRISSAGE ET LES FARINES ANIMALES...

LES NOUVEAUX BEAUFS FONT DE LA PÉDAGOGIE

LA CRISE EUROPÉENNE ? JE VAIS VOUS EXPLIQUER
L'ANGLAIS NE VEUT PAS PAYER POUR LE PAYSAN FRANÇAIS...
LA REINE ME COÛTE ASSEZ CHER AVEC SES PROPRIÉTÉS !
LE PAYSAN FRANÇAIS REFUSE DE PAYER POUR LE PLOMBIER POLONAIS...
SOLIDARNOSC C'EST FINI !
LE PLOMBIER POLONAIS NE VEUT PAS PAYER POUR LE MAÇON PORTUGAIS
LE MAÇON PORTUGAIS REFUSE DE PAYER POUR LE DOUANIER BELGE
ET LE DOUANIER BELGE REFUSE DE PAYER POUR L'ITALIEN QUI DRAGUE SA FEMME EN VACANCES
J'VAIS T'EN FOUTRE DU "Ô SOLE MIO"... MOI !
CHACUN CHEZ SOI ! C'EST COMME MOI : J'AI RIEN DONNÉ POUR LE TSUNAMI...
...Z'ONT QU'À FAIRE COMME MOI : J'AI UNE ASSURANCE DÉGATS DES EAUX, ET VOILA !

LES NOUVEAUX BEAUFS N'AIMENT PAS LES JEUNES

J'AI DÉCIDÉ DE SUPPRIMER L'AVENIR!
GRAMMES 1996
DANIÈLE GILBERT
INTERVILLES
MOGADOR
CASIMIR
JANIQ
ZIGROM
Cabu

LES NOUVEAUX BEAUFS FONT DE L'ART

CELLULE DE SOUTIEN PSY CHOLOGIQUE
ON M'A DIT QU'UN AUTRE MONDE ÉTAIT POSSIBLE …
…MOI QUI N'AI CONNU QUE DES USINES QUI FERMENT, DES BROUILLARDS SUR LES CANAUX, DES PATRONS DE DROIT DIVIN, DES FAITS DIVERS ATROCES …
…DES POLLUTIONS GIGANTESQUES, DES ALCOOLIQUES QUI PRENNENT L'AUTO-ROUTE À CONTRESENS …
JE VOUDRAIS M'EN ALLER AU SO-LEIL …
N'EN FAITES RIEN ! JE VAIS VOUS PRÉ-SENTER UN COMPO-SITEUR …
SNIF SNIF
…COMME PAROLIER VOUS ÊTES TRÈS BON ! VOUS ALLEZ FAIRE UNE COMÉDIE MUSI-CALE QUI VA FAIRE UN MALHEUR !

LES NOUVEAUX BEAUFS : TESTONS LES SECTES !

LES TEMPLI
RAËL
LA SCIENTOLOGIE
LES ADORATEURS DE L'OIGNON
JE VAIS CRÉER MA PROPRE SECTE... MAIS LAQUELLE ?
POUR LA DRAGUE, JE VAIS LANCER "LES ENFANTS DE JEHOVAH"...
POUR LE FRIC, LA "FRICTOLOGIE"...
POUR LES BAGNOLES DE LUXE LA "RACLETTE DE DIEU", OU LA "VROUMVROUMOLOGIE"...
PRIÈRES
...MAIS DANS UNE SECTE, IL FAUT UN MINIMUM DE RÈGLES ET D'INTERDITS...
FINALEMENT, COMME JE VEUX CONTINUER À BOUFFER DU CAVIAR, FAIRE DES AFFAIRES ET FRÉQUENTER DES MARIE-MADELEINE...
...CE QU'IL Y A DE MIEUX, C'EST DE RESTER CATHO !

LES SECTES TESTÉES PAR LES NOUVEAUX BEAUFS

CHEZ HARE KHRISNA, MES CLOCHETTES M'ONT FAIT REPÉRER TROP VITE...
CHEZ RAËL, J'AI EU LE MALHEUR DE DRAGUER DANS LE HAREM D'UN CHEF...
CHEZ LES MORMONS, FALLAIT SE TAPER TOUTE LA FAMILLE...
À LA SCIENTO, J'Y AI LAISSÉ MA FORTUNE...
CHEZ LES ENFANTS DE DIEU, J'Y AI LAISSÉ MA SANTÉ
ALORS, POUR ME DÉSINTOXIQUER DES NANAS, JE RETOURNE À LA SECTE DU VATICAN !

LES NOUVEAUX BEAUFS : FAUT-IL MORALISER INTERNET ?

CE QUART D'HEURE DE VIE SUPPLÉMENTAIRE QUE M'ACCORDE LA NON-PUBLICITÉ TÉLÉ...
CE QUART D'HEURE, JE VAIS LE CONSACRER AUX AUTRES
SECU
...SUR INTERNET
"JE DÉNONCE LA PETITE LULU ELLE FAIT DE LA DISCRIMINATION. ELLE VEUT PAS AVEC MOI..."
JE REVENDS TOUT SUR INTERNET : SON MANTEAU DE FOURRURE OFFERT À NOËL... ALLEZ HOP !
EN UN QUART D'HEURE, JE BAZARDE TOUT : MA PIPE MON CHIEN MA FEMME...
ÇA TOMBE BIEN ! MOI, SUR INTERNET JE VENDRAI PÈRE ET MÈRE !

LES NOUVEAUX BEAUFS SANS MODÉRATION

FOIRE AUX VINS
CE POUILLY-FUISSÉ, JE L'AVAIS ACHETÉ EN PRÉVISION DU BAPTÊME DE MON FILS...
CE MORGON, C'ÉTAIT EN PENSANT À SA PREMIÈRE COMMUNION...
LE CHÂTEAU LAFFITTE, C'ÉTAIT POUR SON BAC...
CE S^T ESTÈPHE C'ÉTAIT POUR SES FIANÇAILLES...
HÉLAS, IL N'Y A JAMAIS EU NI MARIAGE, NI BAC, NI PREMIÈRE COMMUNION...
...MON FILS A ÉTÉ PUNK DE BONNE HEURE ET IL N'A JAMAIS RIEN FOUTU...
DÉGUSTATION
FALLAIT QUAND MÊME BOIRE CES BONNES BOUTEILLES AVEC LUI...
TROP TARD ! IL M'A CONVERTI, ET J'AI APPROCHÉ DES SUBSTANCES NETTEMENT PLUS EUPHORISANTES !

LES NOUVEAUX BEAUFS AIMENT L'ASSISTANAT ...POUR EUX !

IL FAUT AIDER CEUX QUI VEULENT CHANGER DE VOITURE
PRIME À LA CASSE
IL FAUT AIDER CEUX QUI VEULENT FAIRE DES ENFANTS
PRIME AU VIAGRA ?
IL FAUT AIDER LES FUMEURS AVEC DES TERRASSES CHAUFFÉES...
PRIME AU RÉCHAUFFEMENT DE LA PLANÈTE !
IL FAUT AIDER LES BANQUIERS AVEC DES CELLULES DE SOUTIEN PSYCHOLOGIQUE...
IL FAUT AIDER FILLON AVEC DEVEDJIAN
LA RELANCE TE DIS-JE LA RELANCE !
IL FAUT AIDER LES VIEILLES HÉRITIÈRES TRÈS RICHES À SORTIR DE LEUR ISOLEMENT...
MAMAN ! TU DILAPIDES MON HÉRITAGE !
C'EST POUR UNE BONNE ŒUVRE, MA FILLE !

LES ANCIENS ET LES NOUVEAUX BEAUFS SONT POUR LA GRATUITÉ

HIER : L'INFO GRATUITE
AVIS
HIER : LA MUSIQUE GRATUITE
HIER : LES TRANSPORTS GRATUITS
AUJOURD'HUI L'INFO GRATUITE
GRATOS MATIN
GRATOS
AUJOURD'HUI LA MUSIQUE GRATUITE
AUJOURD'HUI : LES TRANSPORTS GRATUITS

ON EST TELLEMENT HABITUÉS AU "GRATUIT"...
DEMAIN ON RASE GRATIS !
EDGAR FAURE
... QU'ON GOBE TOUT !
DEMAIN ON RASE GRATIS !
SARKOZY

MAIS DÈS LE LENDEMAIN, IL FAUDRA BIEN FAIRE BOUILLIR LA MARMITE...
FACTURE POUR LE 2e PORTE-AVIONS NUCLÉAIRE

LES NOUVEAUX BEAUFS SOUTIENNENT LE CUMUL DES PAPAS

CONSEILLER MATRIMONIAL
JE VOUS RASSURE: NAGUÈRE LES ENFANTS DE DIVORCÉS ÉTAIENT MONTRÉS DU DOIGT...
...LES ENFANTS D'ÉTRANGERS ÉTAIENT MONTRÉS DU DOIGT...
Qu'un sang impur
...abreuve nos sillons
...LES ENFANTS DE CONCUBINS, ON LEUR JETAIT DES PIERRES...
Ta mère
c'est une traînée!
...ET LES ENFANTS DE PAUVRES ÉTAIENT REJETÉS DE PARTOUT...
...MAIS LES TEMPS ONT CHANGÉ AUJOURD'HUI, VOTRE FILS ADOPTIF, AVEC SES DEUX PAPAS... IL N'A RIEN CRAINDRE
HÉLAS, SI... PARCE QUE NOUS, LES DEUX PAPAS, NOUS SOMMES DIVORCÉS ET CONCUBINS, D'ORIGINE ÉTRANGÈRE, CHÔMEURS ET SURENDETTÉS PAR DESSUS LE MARCHÉ!
L'HOMOPARENTALITÉ
cabu

LES NOUVEAUX BEAUFS : ÇA SE DURCIT

EN CES TEMPS DE CRISE J'AIMERAIS BIEN ÊTRE FACTEUR...
2009
...POUR LES ÉTRENNES CERTAINS SONT PAYÉS EN NATURE...
MAIS JE N'AIMERAIS PAS ÊTRE PAYÉ AU POURBOIRE...
MERCI
JE N'AIMERAIS PAS ÊTRE ROMANCIER PAR EXEMPLE
ZÉRO À-VALOIR
LES BEAUFS
JE N'AIMERAIS PAS ÊTRE COUREUR CYCLISTE...
PRIME À 100 MÈTRES KILOMÈTRES
JE N'AIMERAIS PAS ÊTRE CORDONNIER EN CE MOMENT...
ILS REVIENNENT TOUS AU RESSEMELAGE
JE N'AIMERAIS PAS ÊTRE GUICHETIER AU MONT-DE-PIÉTÉ... TROP DE MONDE...
JE N'AIMERAIS PAS ÊTRE VOLEUR DE FILS DE CUIVRE AUJOURD'HUI...
La Bourse
LE COURS S'EFFONDRE!
JE N'AIMERAIS PAS ÊTRE OTAGE PENDANT LA CRISE...
LA RANÇON EST TROP MINABLE!
PAR CONTRE, LA CRISE PEUT DONNER DES IDÉES...
MOI, JE VOLE DES JOURNAUX GRATUITS ET JE LES REVENDS PAS CHER, ET ÇA MARCHE!

LES NOUVEAUX BEAUFS ONT UN MAUVAIS FOND

LA CRISE M'APPORTE QUAND MÊME QUELQUES PETITES SATISFACTIONS...
LE BANQUIER D'EN FACE S'EST PENDU...
LE CONSEILLER FINANCIER S'EST MIS AU YOGA...
AU REZ-DE-CHAUSSÉE, VIDE-GRENIER FAÇON PIERRE BERGÉ-YVES SAINT-LAURENT...
LA DAME DU CAFÉ OBLIGÉE DE MONNAYER SES CHARMES...
ET MA SECRÉTAIRE QUI REFUSE MES AVANCES: BLOQUÉE EN TURQUIE, SON AGENCE DE VOYAGES EN FAILLITE... ELLE APPREND LA DANSE DU VENTRE...
MON NEVEU: 2 JAMBES CASSÉES EN TOMBANT DU MUR DU STADE POUR ÉCONOMISER 2 PLACES DE FOOT... RADIN!
MON COUSIN QUI SE VEND COMME ÉTALON SUR E-BAY... OBLIGÉ DE REMBOURSER, BIEN FAIT POUR LUI, CE VANTARD!
AH! MON EX-ÉPOUSE QUI N'A PAS REÇU MA PENSION ALIMENTAIRE...
C'EST LA CRISE ET TU DEVRAIS ÊTRE CONTENTE: TOI QUI FAIS DES RÉGIMES AMAIGRISSANTS... GRÂCE À LA CRISE, TU VAS ENFIN MAIGRIR

LES NOUVEAUX BEAUFS ET LA GRATUITÉ

JE NE LIS QUE DES JOURNAUX GRATUITS
GRATUIT
PAS UNE RAISON POUR LIRE PAR-DESSUS MON ÉPAULE !
JE N'ÉCOUTE QUE DE LA MUSIQUE TÉLÉCHARGÉE GRATUITEMENT
DES DROITS D'AUTEUR ? TIENS ! TU PEUX TE BROSSER !
DES NANAS ?... UNIQUEMENT PAR PETITES ANNONCES GRATOS
CHERCHE FEMME DE MÉNAGE ET PLUS SI AFFINITÉS
ET LA NEIGE, L'HIVER, ÇA DOIT ÊTRE GRATUIT !...
JE PAYE DES IMPÔTS POUR L'ARMÉE, DONC POUR LES CANONS À NEIGE !
... COMME EN ÉTÉ, LE PUY-DU-FOU C'EST BIEN GRATUIT, NON ?
AH ! NON ! C'EST GRATUIT UNIQUEMENT POUR LES FIGURANTS BÉNÉVOLES !
BREF, LA GRATUITÉ A ENCORE DE L'AVENIR...
FAUT PAS CROIRE LA PRESSE GRATUITE ...
DEMAIN, ON RASE GRATIS

LES CONTRADICTIONS DES NOUVEAUX BEAUFS

COMME TOUT LE MONDE, JE DIS QUE JE PRÉFÈRE ARTE...
CAUET
... MAIS EN FAIT, JE ME VAUTRE DEVANT TF1
JE SUIS CONTRE LA PRESSE DE CONCIERGE...
PIPOLE
... MAIS JE ME RÉGALE AVEC LA PRESSE DE CANIVEAU
JE SUIS POUR LES TRANSPORTS EN COMMUN...
... MAIS JE VEUX ÉCRASER MOI-MÊME AVEC MON 4x4
JE SUIS CONTRE CEUX QUI FONT SAUTER LEURS CONTRAVENTIONS
... MAIS JE SUIS POUR CEUX QUI FONT SAUTER LES RADARS.
JE SUIS POUR LE MARIAGE À L'ÉGLISE...
... MAIS JE VAIS SAUTER MA GROSSE COCHONNE DERRIÈRE LA MAIRIE
JE SUIS CONTRE LE MENSONGE
IL T'A PAS RATÉ !
... MAIS JE PAYE LA CHIRURGIE ESTHÉTIQUE DE MA FEMME
JE PRÉFÈRE EMBAUCHER DES TRAVAILLEURS IMMIGRÉS AU NOIR...
... MAIS JE VOTE LE PEN
JE PRÉFÈRE MANGER À LA CANTINE...
... MAIS JE REVENDS MES TICKETS-REPAS
ET JE SUIS TOUJOURS POUR LA VEUVE ET L'ORPHELIN...
... À CONDITION DE SE DÉBARRASSER TRÈS VITE DE L'ORPHELIN

FAITS DIVERS, EN PRIME TIME, SUR TOUTES LES CHAÎNES

PETITE MADAME, VOUS ÊTES VOISINE DU MONSTRE QUI VIENT DE TRUCIDER TOUTE SA FAMILLE, ET BIEN SÛR, COMME TOUS LES VOISINS ...
... VOUS N'AURIEZ JAMAIS IMAGINÉ QU'UN HOMME SI CALME...
AH ! BEN SI !... MOI J'AI TOUJOURS EU PEUR DE LUI AVEC SA TÊTE DE VAMPIRE !
BON, ALORS UN AUTRE VOISIN... VOUDRIEZ-VOUS DIRE À LA CAMÉRA QUE JAMAIS VOUS N'AURIEZ CRU QUE...
AH ! BEN SI ! J'AI TOUJOURS DIT QU'IL FINIRAIT SUR L'ÉCHAFAUD !
BON, UN AUTRE... MONSIEUR, DITES-NOUS QUE VOUS N'AURIEZ JAMAIS CRU QUE VOTRE VOISIN ...
AH ! BEN SI ! ÇA FAIT DES ANNÉES QUE JE L'AVAIS DÉNONCÉ À LA POLICE !
BON ! VOUS ! ON VA VOUS MAQUILLER ET VOUS FEREZ LES VOISINS... NOS TÉLESPECTATEURS AIMENT BIEN DES VOISINS AUSSI CONS QU'EUX
« AH BEN, J'AURAIS JAMAIS CRU ÇA DE LUI »
« UN MONSIEUR POLI, BONJOUR-BONSOIR, JAMAIS UN MOT PLUS HAUT QUE L'AUTRE ...
... ET TOUJOURS BIEN MIS. »

LES NOUVEAUX BEAUFS FONT LEUR TRAVAIL DE MÉMOIRE

JE ME SOUVIENS QUAND ELVIS PRESLEY EST MORT... J'ÉTAIS À TABLE ET...
MOI AUSSI, ET J'AI PAS REPRIS DE CHOUCROUTE
JE ME SOUVIENS QUAND MESRINE EST MORT...
MOI AUSSI ÇA M'A FAIT RÉFLÉCHIR ... LE VELIB C'EST MOINS DANGEREUX
JE ME SOUVIENS AUSSI QUAND L'ABBÉ PIERRE EST MORT...
MOI AUSSI ! J'EN AI PROFITÉ POUR EXPULSER MON LOCATAIRE
QUAND LE DERNIER POILU EST MORT, ÇA M'A FAIT QUELQUE CHOSE
MOI AUSSI, JE ME SUIS DEMANDÉ SI JE N'ALLAIS PAS COUPER MA MOUSTACHE !
JE ME SOUVIENS QUAND CLOCLO EST MORT...
MOI AUSSI, ET DEPUIS JE PRENDS JAMAIS DE BAIN !

LES NOUVEAUX BEAUFS AIDENT LES NOUVEAUX PROFS

Xavier Darcos, ministre de l'Éducation du gouvernement Fillon, de 2007 à 2009.

SOUTIEN PSYCHOLOGIQUE AUX ENSEIGNANTS DÉBUTANTS
PREMIER COURS DÉTERMINANT !
BONJOUR ! J'AI DEMANDÉ UNE CLASSE DURE POUR OUBLIER UN CHAGRIN D'AMOUR
ALORS NE ME FAITES PAS DE CADEAU
SÉDUCTION !
VOUS AVEZ CINQ MINUTES POUR ME FAIRE SUBIR LES DERNIERS OUTRAGES... APRÈS DEUX HEURES DE COLLE !
SÉLECTION !
LES ENFANTS DONT LES PARENT PAYENT L'I.S.F. DEVANT, LES RSA DANS LE FOND !
RÉPRESSION !
CERTAINS M'ONT MANQUÉ DE RESPECT QUAND J'ÉTAIS ADJUDANT-CHEF ... AUJOURD'HUI ILS SONT AU CIMETIÈRE...
M. LE MINISTRE...
CARTABLES TROP LOURDS ? BIEN FAIT ! METTEZ DANS VOTRE TÊTE CE QUE VOUS METTEZ DANS VOTRE DOS...
...BANDE DE CANCRES !

LES NOUVEAUX BEAUFS CONSEILLERS FISCAUX

- S'OCTROYER UN FAUX PLAN D'ÉPARGNE-ENTREPRISE...
- DÉTOURNER LE SURSIS D'IMPOSITION SUR LES PLUS-VALUES...
MOUAIS...
NON ! J'AI PLUS SIMPLE POUR PAYER MOINS D'IMPÔTS
DÉMÉNAGER TOUS LES SIX MOIS ?
NON ! LICENCIEMENT BIDON AVEC L'ACCORD DE MON PATRON (LES INDEMNITÉS DE LICENCIEMENT SONT EXONÉRÉES D'IMPÔTS)...
ET IL VOUS RÉ-EMBAUCHE ?
ET JE FAIS PASSER MES DÎNERS GALANTS EN DÉJEUNERS PROFESSIONNELS... ET SURTOUT, JE DÉCLARE DEUX ENFANTS SUPPLÉMENTAIRES POUR MON QUOTIENT FAMILIAL...
J'AI DONNÉ DES CONSEILS POUR PAYER MOINS D'IMPÔTS À UN AMI DENTISTE... IL FAIT TRAVAILLER UN PROTHÉSISTE CLANDESTIN D'ASIE DU SUD-EST...
L'ENNUI, C'EST QU'IL M'A POSÉ UN DENTIER... QUI ME FAIT AFFREUSEMENT MAL !
AH ! ÇA SOULAGE ...

LES NOUVEAUX BEAUFS À CANNES

MOI, J'AI UN SCÉNARIO MAIS PAS DE FRIC...
MOI, J'AI DU FRIC MAIS PAS DE SCÉNARIO
MOI, J'AI UNE VEDETTE MAIS PAS DE SCÉNARIO
MOI, J'AI PAS DE FRIC PAS DE VEDETTE PAS DE SCÉNARIO
...MAIS JE VAIS PERPÉTRER UN ACTE CRAPULEUX QUI DEVIENDRA UN **FILM** DONT JE SERAI LA VEDETTE...
SPAGGIARI
MESRINE
...ET QUE JE VAIS VOUS VENDRE **TRÈS** CHER PARCE QUE LA COM' SERA DÉJÀ FAITE !

LES NOUVEAUX BEAUFS : SEXE, DROGUE ET PERFORMANCES

AH !.. LES **J.O** DE 68... JE ME SOUVIENS, J'ÉTAIS AVEC SUZON...
MOI, J'ÉTAIS DÉJÀ AUX AMPHÉTAMINES
AH !.. LES **J.O** DE 82... J'ÉTAIS AVEC EMMA, JULIE ET JUSTINE, EN COMMUNAUTÉ !..
MOI, J'ÉTAIS DÉJÀ AUX ANABOLISANTS
AH !.. LES **J.O** D'ATLANTA... JE SUIS AVEC UN SOSIE DE PAMELA ANDERSON !..
MOI AUSSI, J'EN SUIS AUX SILICONES ! ...MAIS JE POURRAI PAS ALLER À ATLANTA...
AH ! J'ATTENDS LES **J.O** DE PÉKIN !
MOI, J'ESPÈRE QU'ILS TROUVERONT UNE DOPE MIRACLE POUR QUE JE VOIE LES **J.O** DE L'AN 2008 !

LES NOUVEAUX BEAUFS ONT DU MAL À S'ENGAGER

Jeux Olympiques de Pékin, été 2008.

J'AURAIS DÛ BOYCOTTER LA VIANDE AVARIÉE...
AU GIGOT MIGNON MENU
J'AURAIS DÛ BOYCOTTER LES SECTES...
VOUS VENEZ SOUVENT DANSER ICI ?
J'AURAIS DÛ BOYCOTTER "GRAND CORPS MALADE"...
LÀ, J'AURAIS PAS DÛ BOYCOTTER LES PRÉSERVATIFS...
...QUAND JE VOIS MON FILS...
J'AURAIS DÛ BOYCOTTER LE **PSG**...
...MAIS JE BOYCOTTERAI LES **J.O.** DE PEKIN...
RRRRR
... DE TOUTE FAÇON, À CAUSE DU DÉCALAGE HORAIRE !

LES NOUVEAUX BEAUFS : LA FRANCE A BESOIN DE HÉROS

En janvier 2008, et jusqu'en 2014, le trader de la Société générale Jérôme Kerviel est mis en accusation pour abus de confiance, faux et usage de faux.

CONFIE-MOI TA COM', PETIT, ET JE FERAI DE TOI LE ROI DU MONDE ...
JE TE FERAI PASSER CHEZ ARDISSON
HACKER C'EST TROMPER?
ET CHEZ FOUCAULT "QUI VEUT GAGNER DES MILLIARDS?
JE TE FERAI RENCONTRER LES GRANDS DE CE MONDE...
UN GESTE POUR LE DENIER DU CULTE?
JE CONNAIS PERSONNELLEMENT MADAME DE FONTENAY...
90 45 90
MISS CHÂLONS
...NADINE DE ROTHSCHILD TE DONNERA DES COURS DE MAINTIEN...
C'EST PAS LE TOUT DE RESSEMBLER À TOM CRUSE...
ET ÉLIZABETH TEISSIER...
PRIX NOBEL D'ÉCONOMIE ET BIENTÔT MAÎTRE DU MONDE!
NO! LE MAÎTRE DU MONDE C'EST MOI, TOM CRUSE!!
SCIENTOLOGIE

LES NOUVEAUX BEAUFS VEULENT S'ÉCLATER

QUAND ON S'ENNUIE DANS LA VIE, FAUT TOUJOURS CHERCHER DE NOUVELLES SENSATIONS...
OUAIS! DES BONNES VIBRATIONS!
SE COLLER AUX BAFFLES D'UN CONCERT DE ROCK ...
ACCRO AUX JEUX VIDÉO BARBARES ...
ACCRO AU CANYONING À CRU...
BONNES VIBRATIONS!
ACCRO AUX ATTRACTIONS SUPER SONIQUES ...
ACCRO AUX SPORTS EXTRÊMES
CRACK COKE SHIT?
MERCI, C'EST PAS ASSEZ FORT POUR NOUS...
...ET ÇA DURE PAS ASSEZ LONGTEMPS!
TANDIS QUE ÇA C'EST...
VEINARD!
RRRRRR
...HUIT HEURES PAR JOUR DE BONNES VIBRATIONS!

LES NOUVEAUX BEAUFS ET LA NOSTALGIE

À L'ÉPOQUE, JE PASSAIS SHEILA SUR MON TEPPAZ...
♫ une petite fille de Français moyen...
J'EMBALLAIS SEC DANS LES SURBOUMS...
JE LES FOUTAIS EN CLOQUE...
...ET JE LEUR VENDAIS...
...DES AIGUILLES À TRICOTER...
AU DÉBUT, J'ÉTAIS POUR COHN-BENDIT ET SA BANDE... MOI AUSSI, JE VOULAIS ALLER DANS LE DORTOIR DES FILLES, MAIS APRÈS, ILS ONT VOULU DONNER DES DROITS AUX NANAS
ET ELLES EN ONT PROFITÉ...
BAR
C'EST POUR ÇA QUE J'AIME PAS MAI 68 !

LES NOUVEAUX BEAUFS ONT ENVIE DE CRACHER DANS LA SOUPE

MOI AUSSI J'AI ENVIE DE RETOURNER MA VESTE...
LA RUPTURE
NON À MAI 68
...POUR ME FAIRE UN NOM...
...ET ME REDONNER UNE VISIBILITÉ...
moins cher !
...FAIRE COMME JEAN-PIERRE COFFE QUI AUJOURD'HUI FAIT DE LA PUB POUR CE QU'IL DÉNONÇAIT NAGUÈRE...
...ÉVOLUER COMME BEIGBEDER...
À BAS LA PUB
...COMME VIDOCQ...
...ET UNE LONGUE LISTE DE "REPENTIS" COMME ÉRIC BESSON...
LE LIVRE DE SA FEMME ME DONNE UNE IDÉE...
(DIAM'S)
...IL VAUT MIEUX SOLLICITER CE GENRE DE BOUQUIN, COMME ÇA C'EST MOI QUI TOUCHERAI LES DROITS D'AUTEUR...
DÉDICACES
MARIÉE À UN MONSTRE

LES NOUVEAUX BEAUFS NE SONT PAS CONTENTS

En 2009, le film *L'Instinct de mort* sur Mesrine est récompensé par plusieurs Césars, dont celui du meilleur acteur pour Vincent Cassel.

LES ACTEURS ONT LEURS CÉSARS...
(LES GANGSTERS AUSSI SONT RÉCOMPENSÉS)
MESRINE
LES CHANTEURS ONT LEURS VICTOIRES...
LES CUISTOTS ONT LEURS ÉTOILES...
MICHELIN
PERDU
GAGNÉ
LES CURÉS ONT LEUR PALMARÈS POUR LEURS CONFÉRENCES DE CARÊME...
1er PRIX D'ABSTINENCE
LES MILITAIRES ONT LEURS MÉDAILLES...
...ET MÊME LES BOUCHERS ONT LEURS MORCEAUX DE BOUCHER
ET NOUS... ON N'A RIEN !
PAS DE MÉDAILLE...
C'EST DÉPRIMANT DE BOIRE SANS AVOIR QUELQUE CHOSE À ARROSER...
MOI, JE VOUDRAIS AVOIR DES PRÉTEXTES POUR ME SAOULER LA GUEULE !...
ILS VOULAIENT MÊME NOUS SUPPRIMER LES DÉGUSTATIONS DANS LES FOIRES !

LES NOUVEAUX BEAUFS CONTRE LA SINISTROSE AMBIANTE

COACH POUR SCÉNARISTES
BON... ÇA DÉJÀ ÉTÉ BEAUCOUP FAIT, LA NANA VIOLÉE, DÉCOUPÉE EN MORCEAUX...
MÊME SI ELLE RESSUSCITE À LA FIN
ÇA AUSSI, L'ANCIEN LÉGIONNAIRE ASSASSIN ET POÈTE QUI CHERCHE DES RIMES EN "PAL"...
TROP VU
NON, AUJOURD'HUI, NOUS SOMMES DANS UNE RECHERCHE DE SENS
JUSTEMENT, J'AI UN SCÉNARIO: C'EST UN PETIT FONCTIONNAIRE QUI A UN EMPLOI, DES PAPIERS, MAIS UN SI PETIT SALAIRE QU'IL EST OBLIGÉ DE COUCHER DANS SA VOITURE
ARRÊTONS LÀ, MONSIEUR! LES FRANÇAIS VEULENT DU DIVERTISSEMENT... PAS DES FILMS ANTI-SARKO!

LES NOUVEAUX BEAUFS CONSEILLERS EN COM DE LUC CHATEL

Luc Chatel, ministre de l'Éducation du gouvernement Fillon, de 2009 à 2012.

AH!
JE SUIS PRÊT À TOUT POUR NE PAS BOSSER...
JE LAVE LE CHIEN...
JE LAVE LA BAGNOLE...
JE REPEINS LA CUISINE...
JE FAIS PARIS-PLAGE AU BORD DE MA FOSSE SEPTIQUE
JE M'INTERESSE MÊME À L'ASTRONOMIE
MAIS VOILÀ: JE DOIS CORRIGER 120 COPIES DU BAC, D'ICI LE 7 JUILLET ET J'AI RIEN FOUTU!
DEMANDEZ DE L'AIDE GRÂCE AU CHÈQUE-EMPLOI SERVICE...
BONJOUR GRÂCE À MA "DIANÉTOC" JE PEUX CORRIGER 100 COPIES EN UN QUART D'HEURE!

LES NOUVEAUX BEAUFS AU SECOURS DES NULS DE LA STAR AC'

Le 10 décembre 2012, les cadres de l'UMP diffusent un « lib dub » sur la chanson *Ceux qui veulent changer le monde*.

POUR RELANCER VOTRE CARRIÈRE, FAUT FAIRE DE L'HUMANITAIRE, ET SORTIR UN CD POUR HAÏTI...
« ET LA TERRE PEUT BIEN S'ÉCROULER QUE M'IMPORTEUH SI TU M'AIMEUH »
NON! PAS ÉDITH PIAF ET SON "HYMNE À L'AMOUR"
« MON CORPS SUR TON CORPS COMME UN CHEVAL MORT »
NON! PAS JOHNNY ET SON "QUE JE T'AIME"
TOUT A ÉTÉ FAIT EN CHANSON COMME CATASTROPHE: ÉTHIOPIE, ARMÉNIE, HAÏTI... Y A QUE SARKOZY...
UMP
UMP
...ÇA ÉTÉ FAIT AUSSI: C'EST LE CLIP UMP "CEUX QUI VEULENT CHANGER LE MONDE"

LES NOUVEAUX BEAUFS : UN DOPAGE À VISAGE HUMAIN

VOUS EN AVEZ MARRE...
...DE TOUS CES PRÉLÈVEMENTS ?
HOTEL
JE VOUS PROPOSE UN DOPING TOTALEMENT NATUREL ET AUTORISÉ !...
DE LA GOUSSE D'AIL EN SUPPOSITOIRE !

LES NOUVEAUX BEAUFS TRAVAILLENT POUR L'EMPLOI

CONSEIL EN COM'
LA PROFESSION DE CUISINIER A REDORÉ SON BLASON GRÂCE À TOUTES CES ÉMISSIONS SUR LA CUISINE, ET AUJOURD'HUI, LES JEUNES SONT
FIERS D'ÊTRE CUISTOTS...
ET ILS EMBALLENT LES NANAS...
IL FAUDRAIT FAIRE LA MÊME CHOSE POUR MA PROFESSION DE CHARCUTIER...
...AVEC DES JEUX TÉLÉVISÉS : COMMENT TUER LE COCHON...
...OU COMMENT FABRIQUER LE SAUCISSON...
ON MANQUE D'APPRENTIS
WOAF ! UN COMMIS CHARCUTIER !
MOI J'EN AI MARRE D'EMBALLER QUE DES BOUDINS
JE SUIS VENU AVEC UN COLLÈGUE POISSONNIER QUI A LES MÊMES PROBLÈMES QUE MOI...
MOI J'EN AI MARRE QUE MALGRÉ LES CAMPAGNES DU COMMANDANT COUSTEAU, JE N'EMBALLE QUE DES VIEILLES MORUES !

LES NOUVEAUX BEAUFS : UN FESTIVAL, DES FESTIVEAUX

ET SI ON S'OFFRAIT UN FESTIVAL DE JAZZ ?
AH NON ! POUR MOI Y A QUE LA MUSIQUE MILITAIRE QUI SWINGUE !
FESTIVALS DE L'ÉTÉ
ALORS, UN FESTIVAL D'OPÉRAS ?
FESTIVAL ROSSINI
"LA PIE VOLEUSE"... PFFF ! C'EST RIEN À CÔTÉ DE BEN ALI ET DES TRABOUSI
WAGNER
"LE CRÉPUSCULE DES DIEUX"... PFFF !... ON VOIT ÇA TOUS LES JOURS À LA TÉLÉ !
VERDI
"ATTILA" C'EST DE LA GNOGNOTTE À CÔTÉ DE KADHAFI ET DE ASSAD...
ET FINALEMENT, COMME CHAQUE ANNÉE, ON IRA TOUS LES DEUX AU FESTIVAL DU CRI DE COCHON...
...À GROIN SUR LISIER !

APRÈS CANNES : LES NOUVEAUX BEAUFS PROPOSENT DES SCÉNARIOS ENCORE PLUS APOCALYPTIQUES

LA FIN DES MAGASINS
BAS
TOUT SUR I-BAY
LA FIN DES OISEAUX
LA FIN DES POISSONS
NON À BRUXELLES
LA FIN DE L'ADJUDANT KRONEMBOURG ET DES ARMÉES
JE VEUX QUE MES CENDRES SOIENT DISPERSÉES AU-DESSUS DE MOURMELON !
LA FIN DES NOMBRILS À L'AIR, DES SEINS NUS ET DE L'AUTO-STOP
LA FIN DES MAJORDOMES
LA FIN DU MINITEL ROSE ET DES CRAVATES DE NOTAIRES
LA FIN DU PAPIER DES LIVRES ET DES JOURNAUX
HEUREUSEMENT, IL RESTE LES GRATUITS
LA FIN DES TRAINS QUI ARRIVENT À L'HEURE
LA FIN TOUT COURT !
LA FIN DU MONDE
LA FIN DE LA BÊTISE
AH NON ! GARDAREM NOTRE INSTRUMENT DE TRAVAIL !

MONDIALISATION : LES NOUVEAUX BEAUFS SE PRENNENT POUR DES SINOLOGUES

QUAND LES CHINOIS DÉCOUVRIRONT LE CHOCOLAT...
...IL N'Y AURA PAS ASSEZ DE CACAO DANS LE MONDE...
QUAND LES CHINOIS DÉCOUVRIRONT LE PASTIS IL N'Y AURA PAS ASSEZ DE TANKERS POUR L'ACHEMINER...
QUAND LES CHINOIS DÉCOUVRIRONT LE PORTE-JARRETELLES, ON MANQUERA D'ÉLASTIQUES
QUAND LES CHINOIS DÉCOUVRIRONT LA PÉTANQUE...
...IL N'Y AURA PAS ASSEZ D'ACIER DANS LE MONDE...
QUAND LES CHINOIS DÉCOUVRIRONT JOHNNY HALLYDAY...
ON S'EN FOUT
...ILS NE NOUS PIQUERONT JAMAIS DUKE ELLINGTON ET CAB CALLOWAY
MAIS IL ME SEMBLE QUE RÉCEMMENT LES CHINOIS ONT DÉCOUVERT DSK...
HÉLAS OUI, ET JE CRAINS QU'IL N'Y AIT PLUS ASSEZ DE FEMMES DE MÉNAGE DANS LE VASTE MONDE !

LES NOUVEAUX BEAUFS NE MAÎTRISENT PAS INTERNET

CÉLÉBRATION DU BEAUJOLAIS NOUV
BIZUTAGE AU ROTARY-CLUB
(J'AI GARDÉ ÇA DANS MON PORTABLE)
RÉCUPÉRATION DE TOUS MES POINTS DE PERMIS
INAUGURATION DE MA CAVE D'APPARTEMENT
AUJOURD'HUI, J'AI RENDEZ-VOUS AVEC UNE INTERNAUTE ...EN VRAI !
MONSIEUR, J'AI VU VOS TURPITUDES SUR FACEBOOK... N'ALLONS PAS PLUS LOIN ENSEMBLE
MOI AUSSI, J'AI VU DES IMAGES DE VOTRE PASSÉ RÉCENT ...DOMMAGE, JE ME SERAIS BIEN TAPÉ UNE BONNE SOEUR !

LES NOUVEAUX BEAUFS : QUE FAUT-IL RISQUER POUR QU'ON PARLE DE VOUS ?

J'AI ÉTÉ CAMBRIOLÉ 17 FOIS...
ON M'A VOLÉ MA VOITURE 13 FOIS...
MON PORTABLE 8 FOIS MES ROLLER 6 FOIS
MON SAC À MAIN... EUH MON SAC À DOS 4 FOIS...
...ET UN PASSANT QUI NE REÇOIT QU'UN COUP DE COUTEAU UNE FOIS : IL A DROIT À TOUTES LES CAMÉRAS !!
AMBULA

LES NOUVEAUX BEAUFS : LA CÉLÉBRITÉ ENFIN À PORTÉE DE CHACUN

LA TÉLÉ FAIT CROIRE QUE GAGNER DE L'ARGENT C'EST SIMPLE...
JEUX
...QUE GAGNER LA CÉLÉBRITÉ C'EST FACILE...
LOFT-STO
...QUE GAGNER LE NIRVANA EST À LA PORTÉE DE TOUT LE MONDE...
RELIGIO
...QUE LE DÉSIR ET QUE L'EXPECTASE EST UN JEU D'ENFANT...
PORNO
104
MAIS DÉSILLUSION... FRUSTRATION... COMPENSATION... CONSOMMATION...
J'ARRÊTE LE PORNO... J'ACHÈTE UNE GROSSE...
...VOITURE QUI FAIT CROIRE QUE LA VITESSE C'EST FACILE !

LES NOUVEAUX BEAUFS : Y'A TROMPERIE SUR LA MARCHANDISE

SI ON PEUT VENDRE DE LA VIANDE DE CHEVAL POUR DU BOEUF ...
...COMME CADEAU, ON PEUT OFFRIR DU RAT POUR DU VISON...
...DU PLAQUÉ OR POUR DE L'OR ...
...DU MOUSSEUX POUR DU CHAMPAGNE ET DU SKAÏ POUR DU CROCO...
ÇA TOMBE BIEN : JE SUIS UN FOOTBALLEUR DE 3e DIVISION QUI VEUT FAIRE UN CADEAU À UNE JOLIE NANA RENCONTRÉE SUR LE NET...
...JE LUI AI DONNÉ RENDEZ-VOUS DANS CE BISTRO... MAIS... MAIS Y'A DE LA TRICHE !...
JE VOULAIS UNE MINEURE, MOI ! COMME UN FOOTBALLEUR DE 1ère DIVISION !
cabu

L'ADJUDANT KRONEMBOURG ET L'EMPLOI DES SÉNIORS

ILS ONT BIEN CHANGÉ, LES PORTEURS DE VALISES... JE LES AI CONNUS DE PRÈS
...PENDANT LA GUERRE D'ALGÉRIE
GÉGÈNE
AUJOURD'HUI RETRAITÉ, J'AI PRIS UN PETIT BOULOT GRÂCE À UN COM → MANDITAIRE
ARABIE SAOUDITE
YEMEN
TCHECO
RDA
HONGRIE
EGYPTE
RIEN QU'AVEC LES ÉTIQUETTES SUR LEURS VALISES, C'ÉTAIT FACILE D'ARRÊTER LES PORTEURS DE VALISES...
JE SUIS PORTEUR DE VALISES, MAIS PAS FOU JE DIS : VALISE DIPLOMATIQUE !

TOUS LES NOUVEAUX BEAUFS NE SONT PAS EN VACANCES...

JE SUIS LE CONSEILLER EN COM' DE L'ENTREPRISE QUI VOUS EMPLOIE...
VOUS SAVEZ, C'EST UNE GRANDE FAMILLE...
MA FEMME M'A QUITTÉ, MON FILS EST EN PRISON, ET MA MÈRE FAIT LE TROTTOIR...
VOUS AVEZ VOULU SAUTER DU HAUT DE VOTRE ENTREPRISE
SAUTEZ PLUTÔT D'UNE FALAISE AU GRAND AIR
VOUS AVEZ VOULU METTRE VOTRE TÊTE SOUS LE MASSICOT...
COUIC !
CHOISISSEZ PLUTÔT LA GRANDE BLEUE DANS LE SILLAGE D'UN HORS-BORD...
L'ANTIDÉPRESSEUR
BREF, CHOISISSEZ DE METTRE FIN À VOS JOURS...
...AILLEURS QU'ICI... ÇA PEUT DÉVALORISER LA MARQUE...

LES NOUVEAUX BEAUFS SAVENT UTILISER LE WEB

Mahmoud Ahmadinejad, président de la République islamique d'Iran (2005-2013).

AGENCE DE COM'
VOILÀ : NOUS VOUDRIONS DES CONSEILS POUR MODERNISER L'IMAGE DE L'IRAN D'AUJOURD'HUI
FASTOCHE !
FAUT MISER SUR L'IMAGE DE LA FEMME IRANIENNE ET LANCER UNE RUMEUR SUR INTERNET
ON VA DIRE QUE LES FEMMES VOILÉES UTILISENT LES FAMEUSES CENTRIFUGEUSES POUR FAIRE DES YAOURTS ET QU'ELLES NE PORTENT PAS DE CULOTTE EN-DESSOUS ...
ON VA FAIRE UN TEST AUPRÈS D'UN AMI...
...UN PEU VULGAIRE MAIS IL RETIENT BIEN LES MESSAGES...
CYBER CAFÉ
AH ! DIS-DONC ! JE SAIS OÙ JE VAIS ALLER EN VACANCES MOI, CHEZ LES ÉCRÉMEUSES EN IRAN !

LA CRISE AU COIN DE LA RUE DES NOUVEAUX BEAUFS

VOUS ÊTES MON PREMIER CLIENT DEPUIS CE MATIN ...J'AI ENVIE DE VOUS EMBRASSER!
LIBRAIRIE
C'EST LA CRISE, JE NE VENDS PLUS RIEN
ILS ACHÈTENT TOUS LEURS BOUQUINS SUR "AMAZON"
JE NE VENDS MÊME PLUS DE VIAGRA... IL L'ACHÈTE DIRECTEMENT SUR INTERNET
SEX
BOUCHERIE
J'AI UNE RÉMISSION GRÂCE À L'AFFAIRE FINDUS... MAIS JE FERME À LA RENTRÉE... ILS ACHÈTENT TOUT SUR INTERNET!
AH! VOUS AU MOINS, VOUS NE VOUS PLAIGNEZ PAS!
AHSI! JE N'ARRIVE PLUS À FOURNIR! VIVEMENT UN BON VIRUS!

LES NOUVEAUX BEAUFS : RENTRÉE DIFFICILE AVEC LES AMOURS DE VACANCES

JE N'AI JAMAIS RIEN COMPRIS À LA BOURSE...
SONT CONS CETTE ANNÉE LES JEUNES...
JE N'AI JAMAIS RIEN COMPRIS AU PMU!
PARTICULIÈREMENT CON CELUI-LÀ!
NI AU RUGBY... NI AU TENNIS!
QU'EST-CE QU'IL TRIMBALLE!
...MÊME LE FOOT: JE N'AI JAMAIS COMPRIS LE "HORS-JEU"!
PFFF... ET C'EST LA FRANCE DE DEMAIN, ÇA!
AH! VOUS, C'EST PLUTÔT LES FEMMES QUE VOUS NE COMPRENEZ PAS, HEIN?

LA MONDIALISATION EXPLIQUÉE AUX NOUVEAUX BEAUFS

DONC, VOUS ÊTES UN MILLIARDAIRE CHINOIS... VOUS AVIEZ ACHETÉ UN CHÂTEAU EN FRANCE, ET VOUS L'AVEZ FAIT RECONSTRUIRE, PIERRE PAR PIERRE, EN CHINE...
...ET AUJOURD'HUI
...VOUS AIMERIEZ VIVRE EN FRANCE PARCE QU'EN CHINE C'EST TROP POLLUÉ...
JE PEUX VOUS AIDER À RAMENER VOTRE CHÂTEAU EN FRANCE
OUI! LÀ! J'ACHÈTE!
IMPOSSIBLE! C'EST PRÈS D'UNE CENTRALE NUCLÉAIRE
ÇA FAIT RIEN, J'ACHÈTE LA CENTRALE!
AH! MAIS VOILÀ!... ÇA, ÇA ME PLAIT COMME CHÂTEAU! J'ACHÈTE!
IMPOSSIBLE! C'EST UN HÔTEL DE RÉGION!
ÇA FAIT RIEN! J'ACHÈTE LA RÉGION!

SONT CONS CETTE ANNÉE LES JEUNES...

POUR UN PEU, LES NOUVEAUX BEAUFS SE METTRAIENT EN GRÈVE

MON POUVOIR D'ACHAT N'EST PAS NÉGOCIABLE !
MON 4×4 N'EST PAS NÉGOCIABLE !
MA CAVE À VINS, MA CAVE À CIGARES ET MON JACCUZI NE SONT PAS NÉGOCIABLES...
MON IPOD, MON GPS ET MON BLACKBERRY NE SONT PAS NÉGOCIABLES
MA VIE ASSOCIATIVE N'EST PAS NÉGOCIABLE !
MES CLUBS DE RENCONTRE NON PLUS !
DONC JE COMPTE SUR TOI POUR FAIRE DES ÉCONOMIES, HEIN !

LES NOUVEAUX BEAUFS NE SE PASSIONNENT GUÈRE POUR LES ÉLECTIONS RÉGIONALES

Élections régionales de 2010.

PARLEZ-NOUS DE VOS PRATIQUES SEXUELLES...
JE MONTE SUR L'ARMOIRE EN STRING ...
...ET VOS FANTASMES ?
UNE FEMME À BARBE MAIS VOILÉE...
C'EST MON CHOIX ! SUR MON ARMOIRE, JE JOUE DU CLAIRON !
...ET AVEC UNE PLUME AU CUL, JE SAUTE SUR MA NANA COMME UNE BÊTE !
QUELLE SANTÉ !
ET VOUS ALLEZ VOTER POUR QUI ?
AH ! ÇA, JAMAIS MON PETIT MONSIEU ÇA, C'EST MA VIE PRIVÉE !
ADIEU !

LES NOUVEAUX BEAUFS PRÊTS À RENDRE SERVICE

Après sa démission de la société Miss France, Geneviève de Fontenay crée Miss Prestige national, en octobre 2010.

NE BAISSEZ PAS LES BRAS, GENEVIÈVE, JE VAIS VOUS AIDER À ÉLIRE QUAND MÊME VOTRE MISS NATIONALE ...
...J'AURAI UN PALACE PRESTIGIEUX...
HOTEL CARLTON
J'AURAI UN CASTING DE CONCURRENTES PLUS BELLES LES UNES QUE LES AUTRES ...
MISS PIGALLE
MISS LAS VEGAS
ZIG-ZIG
...J'AURAI UN PRÉSIDENT DU JURY...
DODO-LA-SAUMURE
...MAIS JE NE VEUX PAS DE DSK DANS LE JURY !

LES NOUVEAUX BEAUFS ACCOMPAGNATEURS DE FIN DE VIE

MOI AUSSI...
... J'EN AI DRAGUÉ DES RICHES HÉRITIÈRES, MOI AUSSI, J'AI FAIT PÂMER DES DOUAIRIÈRES ...
J'EN AI FAIT DANSER DES VIEUX POTS SUR DU TINO ROSSI...
J'EN AI FAIT TOMBER DES DÉAMBULATEURS ...
J'EN AI FAIT VALSER, DES DENTIERS ...
J'EN AI FAIT SWINGUER, DES VARICES
OH ! MON PETIT MONSIEUR, FAUDRA VOUS LEVER DE BONNE HEURE POUR M'ABUSER DE FAIBLESSE, MOI !
VOUS POUVEZ DEMANDER À MON MARI !
ATTENTION !... SI VOUS FAITES TRAVERSER UNE VIEILLE DAME...
... EN REVENANT DE LA BANQUE, ÇA PEUT VOUS ATTIRER PAS MAL D'ENNUIS !

LES NOUVEAUX BEAUFS : ÊTRE COACH APRÈS LA SÉQUENCE DSK

POUR LES DÉJEUNERS D'AFFAIRE, LA CRAVATE N'EST PLUS OBLIGATOIRE !
SI VOUS PROGRAMMEZ DES SOIRÉES LIBERTINES POUR LA SIGNATURE DES CONTRATS, JE VOUS RECOMMANDE : MOCASSINS, SHORT PLUTÔT QUE CALEÇON, ET SURTOUT PAS DE CEINTURE !
... POUR ÉVITER LE RIDICULE LORSQU'ON DOIT SE DÉSHABILLER PRESTEMENT...
ET EN CAS DE GARDE À VUE TOUJOURS POSSIBLE, LES MÊMES RECOMMANDATIONS :
PAS DE CRAVATE PAS DE CEINTURE PAS DE LACETS !

MONDIALISATION : LES NOUVEAUX BEAUFS NE SONT PAS À VENDRE

En 2011, le Qatar Investment Authority devient actionnaire majoritaire du PSG.

LE QATAR A RACHETÉ LE PSG...
LE QATAR A RACHETÉ DES PALACES, DE L'IMMOBILIER DE LUXE...
POURQUOI PAS LE SACRÉ CŒUR... EN DERRICK GÉANT...
ET LE TOUR DE FRANCE ? ET L'ACADÉMIE FRANÇAISE ? ET L'EUROVISION ?
ET LE FIGARO AVEC LE RAFALE EN SUPPLÉMENT ?
LE FIGARO
ET MISS FRANCE ?
NON, LE QATAR N'EST PAS SALAFISTE...
MISS FRANCE
LE QATAR DEVRAIT PLUTÔT RACHETER LES BATEAUX DE "SEA FRANCE"
... POUR REMPLACER LE "COSTA CONCORDIA"
... MAIS LORSQUE LES PASSAGERS FERONT LA PRIÈRE EN DIRECTION DE LA MECQUE, ATTENTION ... PAS TOUS DU MÊME CÔTÉ !

JE RÉCOLTE LE SPERME DE GÉNIE POUR LES GÉNÉRATIONS FUTURES
AH ! GRAND FOU ! ON ME L'AVAIT PAS ENCORE FAIT CELLE-LÀ !
Cabu

L'ADJUDANT KRONEMBOURG CONSULTE LES NOUVEAUX BEAUFS

Ouverture d'une base militaire française à Abu Dhabi en juillet 2011.

LA FRANCE VIENT D'OUVRIR UNE BASE MILITAIRE À ABU DHABI ET JE VOUDRAIS REMPILER LÀ-BAS...
J'AI BESOIN DE VOS CONSEILS POUR RÉDIGER MA CANDIDATURE... JE VOUS REÇOIS 5 SUR 5
J'ESTIME ÊTRE PRIORITAIRE : MON ARRIÈRE GRAND-PÈRE A FAIT LES DARDANELLES...
... MON GRAND-PÈRE A FLINGUÉ LES NIAQUOUÉS EN INDOCHINE ET MON PÈRE A RATIBOISÉ LES FELLOUZES EN ALGÉRIE
... C'EST VOUS DIRE SI JE ME SENS DIGNE DE REPRÉSENTER LA FRANCE LÀ-BAS...
LA FRANCE DES DROITS DE L'HOMME... ET DE LA FEMME AUSSI
JE NE SUIS PAS RACISTE...
ALORS, JE VOUS CONSEILLE DE FAIRE LE MÉNAGE SUR FACEBOOK
... À L'OCCASION D'UN POT DE BUREAU, VOUS VOUS DÉGUISEZ EN DANSEUSE DU VENTRE... ET VOUS METTEZ UN VOILE À VOTRE CHÈVRE !

LES NOUVEAUX BEAUFS AIDENT LE CINÉMA FRANÇAIS

Le 20 octobre 2011, Kadhafi est renversé à l'issue d'une guerre civile, puis lynché par la foule.

J'AURAIS BESOIN DE VOS RELATIONS... VOILÀ : JE PRÉPARAIS UN FILM À GROS BUDGET, UN NOUVEAU "MILLE ET UNE NUITS" ET LE PRODUCTEUR M'A LÂCHÉ... C'ÉTAIT KADHAFI...
... ET SES FILS AUSSI M'ONT LÂCHÉ, LES UNS APRÈS LES AUTRES !
EH BIEN, JE VOUS PRÉSENTE UN AMI SALAFISTE QUI ACCEPTERAIT D'INVESTIR DANS VOTRE PROJET...
... SOUS RÉSERVE...
... DE MODIFIER LE SCÉNARIO !
IL DÉCROCHE LE RIDEAU !

LES NOUVEAUX BEAUFS : LA TÊTE DE TURC PEUT ENCORE SERVIR

MADAME ! ÊTES-VOUS POUR OU CONTRE...
...L'ENTRÉE DE LA TURQUIE DANS LA COMMUNAUTÉ EUROPÉENNE ?
OH ! C'EST MON MARI QUI S'OCCUPE DE ÇA...
ET D'ABORD, QU'ÉVOQUE POUR VOUS LA TURQUIE ?
POUR MOI, C'EST LA VILLE DE ZONGULDAK... QUI ME PLANTE TOUJOURS AU SCRABBLE !
MERCI MONSIEUR
LA TURQUIE ? PFF LE DYNAMO DE KARABUK, C'EST DES BOUFFONS !
POUR MOI C'EST MON PULL EN MOHAIR DU SOUK DE SMYRNE !
LA TURQUIE ? UNE FOIS, ILS ONT GAGNÉ L'EUROVISION MAIS ILS ONT TRICHÉ !
NÉGATIF ! LA TURQUIE, C'EST LES CHIOTTES À LA TURQUE !
EH BIEN, MERCI ! UN GRAND PAS POUR LE RAPPROCHEMENT DES PEUPLES !... LES PÈRES DE L'EUROPE NE SONT PAS MORTS POUR RIEN !

LES NOUVEAUX BEAUFS CONSEILLERS EN COM' AVANT LE JUGEMENT DERNIER

POUR LA FIN DU MONDE, ESSAYEZ DE DONNER UNE BONNE DERNIÈRE IMAGE DE VOUS...
Me GILBERT COLLARD
J'AI VENDU MON ÂME AU DIABLE...
...ET PAS DE POT, V'LA LA FIN DU MONDE !
MIREILLE MATHIEU
ENFIN ! JE ME TEINS EN BLONDE !
EVA JOLY
JE ME FOUS DU RÉCHAUFFEMENT CLIMATIQUE... JE VAIS ÊTRE CRAMÉE !
BACHELOT :
J'AURAIS VOULU ÊTRE UNE "PUSSY RIOT"
LIBERTÉ
CHIRAC
LES 4000F PAR JOUR DE FRAIS DE BOUCHE, C'ÉTAIT POUR LES RESTOS DU CŒUR
PHILIPPE MANŒUVRE
« LE ROCK, CE N'EST QUE DU MAUVAIS JAZZ » A DIT HENRI SALVADOR...
...FINALEMENT JE BAZARDE TOUT MON STOCK DE ROCK ET POUR LE TEMPS QUI ME RESTE, JE ME METS À CAB CALLOWAY !
MGR VINGT-TROIS
ON VA VOIR QUI AURA GAGNÉ : J'AI PARIÉ UNE BOUTEILLE DE CHAMPAGNE AVEC LE CURÉ DE ST NICOLAS-DU-CHARDONNAY RET QUE DIEU N'EXISTE PAS !
CAHUZAC
J'ESPÈRE QUE TOUT SERA DÉTRUIT...
ET QU'IL NE RESTERA AUCUNE CLÉ USB
LOUIS-LA BROCANTE
MES MEUBLES LOUIS XV, C'ÉTAIT DES FAUX !
CLUB ÉCHANGISTE
DSK
BERLUSCONI
CLUB NON ÉCHANGISTE
UMP

LES NOUVEAUX BEAUFS : APRÈS "FRANCE-SOIR", "FRANCE-GRATOS" ?

OULANGERIE
SUPERMARCHÉ
RESTAURANT
AU FOU !
ATTENDEZ ! JE SUIS DANS LA MODERNITÉ, MOI !
SÉCURITÉ
DE QUOI, DE QUOI ?
ÇA VA PAS NON ?
GRATUIT ?
LA MODERNITÉ C'EST LA GRATUITÉ ! LES JOURNAUX GRATUITS, C'EST RÉ-VO-LU-TION-NAI-RE... LA PUBLICITÉ, BIENTÔT RENDRA TOUT GRATUIT !
GRATUIT
MATMUT
AH ! ÉVIDEMMENT, IL FAUDRA CONTRÔLER CERTAINES PUBS !

LES NOUVEAUX BEAUFS FONT LE BILAN DES J.O.

TOUS CES CHAMPIONS QUI PLEURENT...
ON NE SAIT PAS S'ILS PLEURENT DE JOIE OU DE DÉPIT...
CELUI-LÀ, IL PLEURE PARCE QU'IL VOULAIT SUREMENT EMBALLER UNE NANA...
EPO
ILS PLEURENT PARCE QUE LEUR SPONSOR NE RENOUVELLERA PAS LEUR CONTRAT...
PLUSIEURS ATHLÈTES SONT GENDARMES : ILS PLEURENT LEUR PROMOTION RATÉE...
MAIS... ILS PLEURENT PEUT-ÊTRE SUR LE SORT DES TIBÉTAINS...
QU'EST-CE QU'ILS PEUVENT ÊTRE CONS, LES JEUNES !

LES NOUVEAUX BEAUFS ET LES RECALÉS

CELLULE DE SOUTIEN PSYCHOLOGIQUE
VOILA : J'AI ÉTÉ DRESSÉ POUR TIRER SUR TOUT CE QUI BOUGE ET AUJOURD'HUI, ON ME DEMANDE D'ÊTRE UN SOLDAT DE LA PAIX...
SNIF SNIF
CELLULE DE SOUTIE PSYCHOLOG
VOILA : JE SUIS PAPARAZZI, J'ÉTAIS EN PLANQUE DEPUIS DIX JOURS...
...ET PUIS UN BESOIN PRESSANT M'A FAIT RATER LA PHOTO DE L'ANNÉE...
SNIF SNIF
VOILA : JE SUIS UN ANCIEN PETIT CHANTEUR À LA CROIX DE BOIS... ET J'AI ÉTÉ RECALÉE À LA STAR AC'...
SNIF SNIF
VOILA : JE SUIS UN ANCIEN GAGNANT DE QUESTIONS POUR UN CHAMPION ET J'AI ÉTÉ RECALÉ À L'ACADÉMIE FRANÇAISE...
ULE TIEN OGIQUE
VOILA : JE SUIS UN CURÉ RWANDAIS ACCUSÉ DE GÉNOCIDE AUJOURD'HUI CHARGÉ D'UNE PAROISSE BRETONNE...
...PARFOIS ME REVIENNENT DES PULSIONS : L'ENVIE D'ÉTRANGLER LA VIELLE GRENOUILLE DE BÉNITIER QUI ME SERT DE BONNE...
VOILA : NOUS AUSSI ON EST MAL DANS NOTRE PEAU... EST-CE QUE VOUS FAITES UN TARIF DE GROUPE ?

LES NOUVEAUX BEAUFS : LA CAMPAGNE DES LÉGISLATIVES A DÉMARRÉ

Élections législatives de juin 2012.

JE N'AI PAS ATTENDU MONSIEUR HOLLANDE POUR REDONNER LE MORAL AUX JEUNES...
... VOUS REDONNER L'ENVIE D'ENTREPRENDRE TOUT EN PRÉSERVANT NOTRE CULTURE ET NOTRE MODE DE VIE...
QUEL MEILLEUR MARQUEUR DE NOTRE CIVILISATION QUE LE NECTAR ISSU DE NOTRE TERROIR ?
EH BIEN MOI JE VOUS OFFRE GRATUITEMENT DES CAISSES DE MOUSSEUX POUR VOS FÊTES ESTUDIANTINES !
MOI, MONSIEUR, JE ME MÉFIE DE VOS SOIRÉES TROP ARROSÉES..
AH ! JE VOIS !.. MON PETIT MONSIEUR...
...VOUS PRÉFÉREZ VOUS DROGUER ?
JE VAIS VOUS RASSURER VENEZ PAR LÀ, VENEZ PAR LÀ...
...POUR CEUX QUI DISPARAISSENT À L'ISSU DE CES SOIRÉES TROP ARROSÉES PARCE QU'ILS NE TIENNENT PAS L'ALCOOL...
NOUS OFFRONS GRATUITEMENT LEURS PHOTOS ET LEURS SIGNALEMENTS SUR DES BOUTEILLES DE LAIT !

ADJUDANT KRONEMBOURG : VERS UNE ARMÉE AUTOGÉRÉE ?

MON GÉNÉRAL, JE VOUDRAIS VOUS AIDER À DONNER UNE NOUVELLE IMAGE DE VOTRE ARMÉE...
J'AI LU DANS "LE CANARD" (*) QUE VOUS MANQUEZ DE 2e CLASSE, MAIS QUE VOUS AVEZ TROP DE GÉNÉRAUX
ALORS IL FAUT QUE VOUS PRENIEZ LA PLACE DES SIMPLES TROUFFIONS POUR BALAYER LES CHIOTTES, CE SERA TRÈS APPRÉCIÉ !
COLONEL ! CORVÉE DE CHIOTTES ! ROMPEZ !
COMMANDANT ! CORVÉE DE CHIOTTES ! ROMPEZ !
CAPITAINE ! CORVÉE DE CHIOTTES ! ROMPEZ !
ADJUDANT KRONEMBOURG ! CORVÉE DE CHIOTTES !
JE SUIS LE DERNIER ?
BON...
...JE VAIS APPELER LE MINISTÈRE ET DEMANDER QU'ON NOMME UNE COMMISSION !

(*) NUMÉRO DU 3 SEPTEMBRE 2012, PAGE 3)

LES NOUVEAUX BEAUFS FONT DES AFFAIRES AUX J.O.

Jeux Olympiques de Londres, du 27 juillet au 12 août 2012.

TOUT VA MAL ! - L'IMMOBILIER - L'AUTOMOBILE - LA BOURSE...
AH SI ! IL Y A UN SECTEUR D'AVENIR POUR INVESTIR : LE TEXTILE...
...POUR LES FOOTBALLEUSES...
BIENTÔT VOUS ALLEZ VOIR... POUR LES
STRIP TEASEUSES...
...SANS OUBLIER LES MAJORETTES (ON DIT "TWIRLING")
ET LES MAJORETTES VOILÉES, C'EST......
UNE OEUVRE DE SALUBRITÉ PUBLIQUE !

LES NOUVEAUX BEAUFS, EUROPÉENS, MAIS AU PLUS OFFRANT

Le prix Nobel de la Paix est attribué à l'Europe le 10 décembre 2012.

ALLO ? BRUXELLES ? QUI IRA CHERCHER LE NOBEL DE LA PAIX ATTRIBUÉ À L'EUROPE ? MOI, JE PEUX VOUS PROPOSER DES PERSONNALITÉS MARQUANTES :
JOHNNY EUROPÉEN FISCAL CONVAINCU
MADAME THATCHER
EN PROFITANT D'UN MOMENT DE LUCIDITÉ...
ÇA AURAIT DE LA GUEULE !
I WANT MY MONEY BACK !
LE PAPE
TAPIE
LES PARADIS FISCAUX...
...SONT EN EUROPE !
LE CAPITAINE DU CORSO CONCORDIA
IL SAVAIT FAIRE DES FÊTES, LUI...
LES ? DE LA MATMUT
CHIRAC
JE VOUS REMERCIE DE M'AVOIR FAIT CHEVALIER DU TASTEVIN
PRIX NOBEL DE LA PAIX
FINALEMENT, JE N'AI PAS FAIT AFFAIRE AVEC LES EUROPÉENS JE ME SUIS TOURNÉ VERS LES ANTI-EUROPÉENS, POUR APPORTER UNE NOUVELLE VISIBILITÉ À LEUR MOUVEMENT...
VICTIME DES TECHNOCRATES DE BRUXELLES

LES NOUVEAUX BEAUFS : ABUS DE POUVOIRS

MOI AUSSI, J'AI TOUS LES POUVOIRS ...ENFIN THÉORIQUEMENT
POUVOIR LÉGISLATIF, JE DICTE MA LOI : AU BUREAU, MINI-JUPE OBLIGATOIRE
CERTAINES FONT LA MAUVAISE TÊTE RIEN QUE POUR M'EMMERDER
MON FILS ! MON ESSENCE !
POUVOIR EXÉCUTIF POUVOIR JUDICIAIRE CHEZ MOI, ÇA VA PAS FORT...
POUVOIR DE POLICE : LIMITÉ. LA FAMILLE RECOMPOSÉE MANIFESTE PENDANT QUE J'HONORE LEUR MÈRE
FINALEMENT, AVEC LE POUVOIR ÉCONOMIQUE, LE SEUL VRAI POUVOIR C'EST LE POUVOIR DE NUISANCE
DÉSHÉRITÉS !

LES NOUVEAUX BEAUFS : LE STRING EST-IL SOLUBLE DANS LE VOILE ?

ON NE VEUT PAS DE VOUS À LA TÉLÉ, MES BICHES ?
SNIF SNIF
CASTING STAR AC'
SNIF SNIF
CASTING POP STARS
SNIF SNIF
CASTING GRAINE DE STAR
MOI, JE VAIS VOUS FAIRE PASSER À "C'EST MON CHOIX"
SNIF SNIF
SNIF SNIF
...SIMPLEMENT, VOUS IREZ AU LYCÉE VOILÉES... ET VOUS AUREZ TOUTES LES TÉLÉS !
...ET RIEN NE VOUS EMPÊCHE DE PORTER UN STRING EN DESSOUS...

LES NOUVEAUX BEAUFS CALMENT LES PROPRIÉTAIRES DU PSG

En janvier 2013, la star du foot anglais, David Beckham, signe au PSG.

C'EST QUOI CE BORDEL AU TROCADÉRO ?
C'EST RIEN C'EST RIEN
...NOUS AVONS ACHETÉ PARIS, QUAND MÊME ...ET NON PAS GUEUGNON NI GUINGAMP !
NOUS AVONS ACHETÉ IBRAHIMOVIC ET BECKHAM
QU'EST-CE QU'ON PEUT FAIRE DE PLUS POUR LES JEUNES DE BANLIEUE
RIEN RIEN
LES VOLEURS FAUT LEUR COUPER LES MAINS !
PROMIS ! PAR ORDONNANCE PAR ORDONNANCE !
...ET LES POLITIQUES IL FAUT LEUR COUPER LA LANGUE... SINON, ON NE VOUS RACHÈTE PAS VOS PÔLE EMPLOI !
Y A PAS MARQUÉ : "ABBÉ PIERRE", LÀ !
AVEC LES SUPPORTRICES LE DIALOGUE A BIEN FONCTIONNÉ...
AVEC TOI DAVID !
OUI OUI 32 POSITIONS
AVEC TOI ! AVEC TOI DAVID !
BECKHAM 32
JUSTEMENT, IL Y A UN MANQUE DE DIALOGUE AVEC LES SUPPORTERS... CERTAINS SANS EMPLOI, SANS FORMATION, ET PAS TRÈS MALINS, IL FAUT BIEN LE DIRE
J'AI COMPRIS : ON VA ACHETER UN MÉDIATEUR QUI LEUR RESSEMBLE... ON VA ACHETER RIBÉRY !

LES NOUVEAUX BEAUFS RÉPONDENT AUX PATRONS AMÉRICAINS

En octobre 2013, Maurice Taylor, PDG de Titan et repreneur potentiel de Goodyear, insulte les travailleurs et les syndicalistes français.

NO ! NO ! MISTER TITAN !... FRENCH WORKERS ARE NOT DES FEIGNANTS ! VOYEZ LE TRAVAIL LONG ET FASTIDIEUX...
...DE CEUX QUI CONTRÔLENT MINUTIEUSEMENT NOS IMPORTATIONS DE VIANDE...
BOEUF CHEVAL BOEUF
VOYEZ CEUX QUI TRIMENT POUR VÉRIFIER LES FILIÈRES DE PROTHÈSES MAMMAIRES...
NON OUI NON
SPLASH SPLOUCH SPLICH SPLOK
VOYEZ LA SURCHARGE DE TRAVAIL DE CEUX QUI CHERCHENT DES LABELS DE GARANTIE
SECRET DÉFENSE !
MALI
NO COMMENT !
VOYEZ LE DÉVOUEMENT DE NOS EXPERTS MILITAIRES !
VOYEZ L'ABNÉGATION ET LA CONSCIENCE PROFESSIONNELLE DE LULU-LA PÉNICHE...
AH ! MONSIEUR TITAN, MOI AUSSI JE TRAVAILLE DANS LE CAOUTCHOUC ...ET 18 HEURES PAR JOUR !

COMMENT LES NOUVEAUX BEAUFS ONT CREUSÉ LE TROU DE LA SÉCU

J'AURAIS PU INVENTER CE MÉDICAMENT ANTI-PARKINSON QUI PROVOQUE...
...MALHEUREUSEMENT UNE DOUBLE ADDICTION AU JEU ET AU SEXE...
VIVE LA TREMBLOTTE LES FILLES !
DE MÊME CETTE JOUVENCE DE L'ABBÉ MULOT QUI SOIGNERAIT LA MÉNOPAUSE...
...AVEC QUELQUES EFFETS SECONDAIRES COMME UN RETOUR D'ÂGE TRÈS APPUYÉ...
...ET APRÈS, ON IRA AU GUIGNOL !
ÉGALEMENT LE SIROP DU Dr BRETELLE QUI DÉSHINIBE LES AMOUREUX... MAIS QUI PROVOQUE DES MAUX DE VENTRE...
DE MÊME LES SUPPOSITOIRES DU Pr LUDRAN CONTRE LA CHUTE DES CHEVEUX...
...MAIS QUI HÉLAS FAIT POUSSER LA BARBE !
Moi, Président, ...
ÇA ME RAPPELLE CETTE POTION MAGIQUE INVENTÉE PAR LE DOCTEUR FRANÇOIS, AVEC QUELQUES EFFETS SECONDAIRES :
D'ABORD, UNE PURGE CARABINÉE...

LES NOUVEAUX BEAUFS SONT DES REBELLES

Affaire Cahuzac, mars 2013.

J'AIME LA TRANSGRESSION : JE SUIS TOUJOURS AVEC LES GANGSTERS CONTRE LES POLICIERS...
AH ! QU'EST-CE QUE J'AURAIS VOULU ÊTRE UN MAFIEUX !
TOUJOURS AVEC LES COW-BOYS CONTRE LES INDIENS...
AVEC LES MAQUEREAUX CONTRE LES NANAS...
AVEC LE POMPIER ET AVEC LE PYROMANE...
AVEC LES DEALERS CONTRE LES FLICS...
SI !... C'EST MORAL !...
cabu

...C'EST POUR INFILTRER LES RÉSEAUX POUR MIEUX LES DÉNONCER ENSUITE...
...ET JE SUIS AVEC CAHUZAC PARCE QU'IL A CERTAINEMENT VOULU DÉMONTRER LES FAILLES DE LA LUTTE ÉTATIQUE CONTRE LES PARADIS FISCAUX !

LES NOUVEAUX BEAUFS DIR'COM' AU VATICAN

POUR RECONNAITRE QUE GALILÉE AVAIT RAISON... L'ÉGLISE A MIS COMBIEN DE TEMPS ?...
UN SIÈCLE!
DEUX SIÈCLES
TROIS SIÈCLES!
POUR RECONNAITRE QUE L'ESCLAVAGE...
50 ANS?
UN SIÈCLE?
DEUX SIÈCLES!
POUR RECONNAITRE LA DÉMOCRATIE...
DES SIÈCLES!
ET ENCORE !..PAS AU VATICAN!
ALORS, MESSIEURS LES CARDINAUX JE VEUX FAIRE GAGNER DU TEMPS À CELUI QUI SERA ÉLU PAPE PARMI VOUS
JE VEUX VOUS VENDRE MON PLAN COM' POUR QUE L'ÉGLISE RECONNAISSE LE PRÉSERVATIF AVANT UN SIÈCLE...
...ET REGAGNE DES PARTS DE MARCHÉ!

LES NOUVEAUX BEAUFS ET L'AMÉNAGEMENT DE LEUR TERRITOIRE

QUAND ILS ONT FERMÉ LE TRIBUNAL, JE N'AI RIEN DIT...
JUSTICE
QUAND ILS ONT FERMÉ L'HÔPITAL, JE N'AI RIEN DIT...
URGENCES
QUAND ILS ONT FERMÉ LA CASERNE, JE N'AI RIEN DIT...
125e R.I
JE N'AI RIEN DIT PARCE QU'ILS M'AVAIENT PROMIS...
...DE ROUVRIR BIENTÔT LA MAISON CLOSE!

LES NOUVEAUX BEAUFS ET LA LOI DE PROGRAMMATION MILITAIRE

Loi de programmation militaire du 20 septembre 2013 prévoyant la fermeture de plusieurs casernes.

QUAND ILS ONT FERMÉ LA PERCEPTION...
...JE N'AI RIEN DIT...
QUAND ILS ONT FERMÉ L'HÔPITAL, JE N'AI RIEN DIT...
...JE N'ÉTAIS PAS MALADE...
QUAND ILS ONT FERMÉ L'ÉCOLE, JE N'AI RIEN DIT...
ÉCOLE
...J'ÉTAIS UN CANCRE...
QUAND ILS ONT FERMÉ LE TRIBUNAL, JE N'AI RIEN DIT...
CC
...S'ILS POUVAIENT SUPPRIMER AUSSI TOUS LES RADARS...
MAIS QUAND ILS ONT FERMÉ LA CASERNE, ALORS LÀ, J'AI GUEULÉ ET MANIFESTÉ...
...LES MILITAIRES M'INVITAIENT À TOUS LEURS POTS!

LES NOUVEAUX BEAUFS : LES INTERMITTENTS NOUS BASSINENT À PLEIN TEMPS

MOI, J'AI PAS BESOIN DE POÈTES...
MOI, J'AI PAS BESOIN DE COMÉDIENS...
...TOUT ÇA AVEC NOS IMPÔTS!
...PAS BESOIN
...D'EXPRIMER MON ANGOISSE EXISTENTIELLE...
J'EN N'AI PAS!
MOI J'AI PASSÉ L'ÂGE DE CHANTER LE BLUES DANS LES CHAMPS DE COTON...
ASSEZ DE SOUFFLEURS DE BINIOUS ASSISTÉS!
ASSEZ DE CLOWNS TRISTES... ET FEIGNANTS EN PLUS!
MOI, J'AIME QUE LA MUSIQUE MILITAIRE!
MOI, J'AIME QUE LA CORRIDA!
...ET DIEU MERCI, LES TAUREAUX NE SONT PAS ENCORE SYNDIQUÉS...
...HEIN?

LES LIVRES CADEAUX : TOUT SUR 14-18

Le président Hollande est très présent lors des cérémonies du centenaire de la guerre de 1914.

CHACUN A DROIT À UNE COMMÉMORATION... JE PEUX VOUS ORGANISER ÇA...
POUR L'ADJUDANT KRONENBOURG... SA PREMIÈRE CUITE...
LULU-LA-PÉNICHE: SA PREMIÈRE PASSE...
MON BEAUF: PREMIÈRE BLENNO...
LEUR PREMIER COMPTE BANCAIRE OFF-SHORE...
SA PREMIÈRE ENTOURLOUPE...
SA PREMIÈRE BAVURE
AH! J'ÉTAIS JEUNE...
DEPARDIEU: SA 1ère GORGÉE DE VODKA
FRIGIDE BARJOT: SA PREMIÈRE AMPOULE AU PIED...
EXCUSEZ MON MARI, IL NE SE RAPPELLE PLUS CE QU'IL VOULAIT COMMÉMORER...
ALZHEIMER... PREMIÈRE!

UN DÎNER PRESQUE PARFAIT CHEZ LES NOUVEAUX BEAUFS

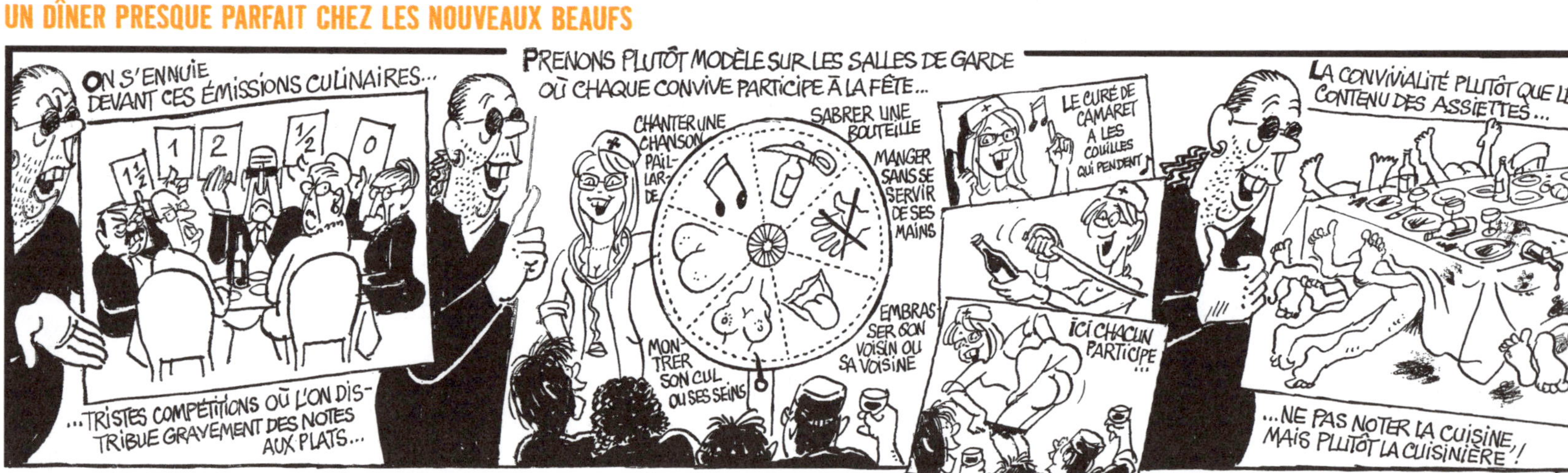
ON S'ENNUIE DEVANT CES ÉMISSIONS CULINAIRES...
1½ 1 2 ½ 0
...TRISTES COMPÉTITIONS OÙ L'ON DISTRIBUE GRAVEMENT DES NOTES AUX PLATS...
PRENONS PLUTÔT MODÈLE SUR LES SALLES DE GARDE OÙ CHAQUE CONVIVE PARTICIPE À LA FÊTE...
CHANTER UNE CHANSON PAILLARDE
SABRER UNE BOUTEILLE
MANGER SANS SE SERVIR DE SES MAINS
EMBRASSER SON VOISIN OU SA VOISINE
MONTRER SON CUL OU SES SEINS
LE CURÉ DE CAMARET A LES COUILLES QUI PENDENT
ICI CHACUN PARTICIPE
LA CONVIVIALITÉ PLUTÔT QUE LE CONTENU DES ASSIETTES...
...NE PAS NOTER LA CUISINE, MAIS PLUTÔT LA CUISINIÈRE!

LES "VICTOIRES DE LA MUSIQUE" AVEC LES NOUVEAUX BEAUFS

Opération Serval au Mali, de janvier 2013 à juillet 2014.

MOI, JE DÉFENDS JOHNNY : ♫ TON CORPS SUR MON CORPS COMME UN CHEVAL MORT ♫ C'EST BEAU...
MOI, JE DÉFENDS SARDOU : ♫ ELLE COULE ELLE COULE LA MALADIE D'AMOUR...
MOI AUSSI... SARDOU : ♫ LA PEINE DE MORT, JE SUIS POUR...
MAIS NON ! SARDOU, IL A CHANGÉ : AUJOURD'HUI, IL EST POUR LE MARIAGE HOMO !
IL A BIEN CHANGÉ !
TIENS ! L'ADJUDANT KRONENBOURG !
JE VAIS VOUS METTRE D'ACCORD TOUS LES DEUX : JE PARS POUR LE MALI, ALORS JE CHANTE ♫ LA FILLE DU BÉDO TRALALA TRALALÈRE...
ET DANS LA GUERRE DES RAPPEURS, VOUS ÊTES DU CÔTÉ DE LA FOUINE ?
MOI, J'AI MON RAP À MOI : ♫ VIVE LE MALI VIVE LA PRIME DE RISQUE, LA PRIME DE CANICULE, LA PRIME DE SIROCO, LA PRIME DE MOUSTIQUAIRE, LA PRIME DE BORDEL D'OASIS, LA PRIME DE SABLE DANS LA RAIE ♫
...TCHAO !
cabu

LES NOUVEAUX BEAUFS : SIMPLE COMME UN CLIC D'INTERNET...

INTERNET, C'EST PRATIQUE POUR LES CADEAUX DE FIN D'ANNÉE... NON... C'EST PAS ÇA...
C'EST UN CADEAU POUR MA NANA VOYONS VOIR...
ASIE DU SUD-EST ? AMÉRIQUE DU SUD ? AFRIQUE ?... CLIQUEZ !
YEUX BLEUS ? VERTS VIOLETS ?.. CLIQUEZ ! CHEVEUX..? AGE..?
...À L'ESSAI PENDANT 9 MOIS, AVEC POSSIBILITÉ DE RENVOYER...
RÉCAPITULONS : POUR DÉSIR D'ENFANT JE COMMANDE UN PETIT ORPHELIN DU DARFOUR QUI SAIT DIRE "MAMAN"
DRIIING
DÉJA LE PETIT ORPHELIN DU DARFOUR ?
NON, C'EST DÉJA LE CHAMPAGNE POUR LES FÊTES !

LE NOUVEAU BEAUF EST
ROMANTIQUE

LES NOUVEAUX BEAUFS ONT CHANGÉ

LES BEAUFS SE FAISAIENT PASSER UNE BOUTEILLE ET BUVAIENT TOUS AU MÊME GOULOT
cabu
LES FILS DE BEAUFS...
...SE FONT PASSER UNE SERINGUE
ET LES NOUVEAUX BEAUFS... UN PRÉSERVATIF !

LES NOUVEAUX BEAUFS : COMMERCES DE PROXIMITÉ À SAINT-GERMAIN-DES-PRÉS

PLUS BESOIN D'ÊTRE INTELLO
POUR FRÉQUENTER St GERMAIN-DES-PRÉS...
ON PEUT ENFIN ACHETER DES BIJOUX...
...À CINQUANTE BRIQUES...
DES SACS QUI COÛTENT LA PEAU DES FESSES
...SANS ÊTRE EMMERDÉS PAR DES LIBRAIRIES...
BIENTÔT ICI DIOR HOMMES
RIEN N'EST TROP BEAU POUR UNE BONNE CAUSE...
ANI
...C'EST POUR RESTAURER LES VITRAUX DE SAINT-GERMAIN DES PRÉS !
S. DE BEAUVOIR OFFERT PAR
J.P. SARTRE OFFERT PAR ARMANI

POUVOIR D'ACHAT EN BAISSE CHEZ LES NOUVEAUX BEAUFS

VA FALLOIR RESTREINDRE NOTRE TRAIN DE VIE... VA FALLOIR MAIGRIR MA GRANDE...
CHANGER NOTRE GROS CHIEN POUR UN PLUS PETIT CHIEN...
CHERCHER DES RÉDUCTIONS PARTOUT, MÊME CHEZ LES RÉDUCTEURS DE TÊTES...
POUR DES VACANCES LOW-COST
CHÉRIE ! J'AI RÉTRÉCI LA VOITURE !
CHÉRIE ! J'AI RÉTRÉCI LES GOSSES AUSSI !
TIENS, MOI AUSSI, JE PRENDRAIS BIEN UNE PETITE NANA...
...ÇA TIENT MOINS DE PLACE ET ÇA MANGE MOINS...
TOUT DIMINUER, TOUT RÉTRÉCIR !
ÇA DEVIENT UNE OBSESSION
FINI LE VIAGRA... BONJOUR LE BROMURE !

LES NOUVEAUX BEAUFS : CONSOMMER DANS LA FIDÉLITÉ

CARTE D'ABONNEMENT CINÉMA: ZAPPING PERMANENT
DANS LA SALLE À CÔTÉ C'EST MIEUX!
CARTE DE FIDÈLITÉ AU SUPERMARCHÉ
CARTE DE FIDÈLITÉ COIFFURE
CARTE D'ABONNEMENT U.V
CARTE DE FIDÈLITÉ MASSAGES
CARTE DE FIDÈLITÉ DE DROITE
CARTE D'ABONNEMENT DE GAUCHE
...ET POUR MES NANAS... J'HÉSITE...
...ABONNEMENT OU CARTE DE FIDÈLITÉ?

LES NOUVEAUX BEAUFS : N'INTERROMPEZ PAS LA CHAÎNE DU FROID

DE LA VIANDE AVARIÉE ACHETÉE CHEZ VOUS !
RÉCLAMATIONS
ALLO, SERVICE BOUCHERIE ? Y A UNE BARQUETTE MAL REMBALLÉE
N'Y PENSE PLUS, CHÉRI... UNE SURPRISE T'ATTEND...
ELLE TE PLAIT, CHÉRI, MA NOUVELLE PARURE ?
BOF... DE LA VIANDE REMBALLÉE, C'EST TOUJOURS DE LA VIANDE REMBALLÉE !

LES NOUVEAUX BEAUFS : QUAND LE MANQUE VIENT À GAGNER

C'EST PAS LA VITESSE !
C'EST PAS LE TURBO !
C'EST PAS L'ALCOOL !
C'EST PAS LE CANNABIS !
ALORS C'EST QUOI ?
SÉCURITÉ ROUTIÈRE
C'EST... LE VIAGRA ! QUI DONNE LA PUISSANCE ! ON PARLE DE NOS PERFORMANCES AMOUREUSES !!

LES NOUVEAUX BEAUFS : C'EST L'ÉTÉ

JE ME SENS DEVENIR BAYROUISTE POUR LES NANAS... J'AIME LE JUSTE MILIEU : NI BAS-DU-CUL, NI GRANDE CHEMINÉE...
NI BABA COOL NI GOTHIQUE...
NI BAS-BLEU NI COURTISANE...
NI BODY-BUILDÉE NI ANOREXIQUE...
NI O.M NI P.S.G
NI PUTE NI SOUMISE...
NI TATOUÉE NI PIERCING
TU VEUX TE RINCER L'OEIL PÉPÈRE ?
NI DIEU NI MAÎTRE
JE VOUS EN PRIE... NE TOMBONS PAS DANS L'EXTRÊMISME, COMME DIRAIT MONSIEUR BAYROU !

LES NOUVEAUX BEAUFS : L'AUTO... CRÉATURE DE RÊVE

AH !.. LES CONCOURS D'ÉLÉGANCE AUTOMOBILES D'HIER... TU ÉTAIS BELLE COMME UN TOUCHAGUES SUR UNE PANHARD & LEVASSOR...
TU ÉTAIS UN PETIT VAN DONGEN SUR UNE BENTLEY...
TU ÉTAIS UN PETIT BERNARD BUFFET SUR UNE MERCEDES-BENZ...
MAINTENANT, T'ES UN PICASSO SUR UN BERLINGOT !
T'ES VIEILLE, T'ES MOCHE !

LES NOUVEAUX BEAUFS SE PACSENT

St VALENTIN
Albert et Maurice ont le plaisir de vous annoncer qu'ils se sont PACSés
Albert et Maurice ont la tristesse de vous annoncer qu'ils se sont déPACSés

LES NOUVEAUX BEAUFS : CHACUN SA NÉCRO...

L'abbé Pierre et Leopoldo Pirelli sont morts respectivement les 22 et 23 janvier 2007.

ÇA FAIT QUELQUE CHOSE LA DISPARITION D'UN TYPE AUSSI GÉNÉREUX...
...ET AUSSI BRILLANT COMMUNICANT !
...QUI PARTAGEAIT SON MANTEAU AVEC CEUX QUI N'ONT RIEN...
...QUI A CONNU LES TENTATIONS DE LA CHAIR, CE QUI L'A RENDU PLUS HUMAIN...
...QUI A CONSACRÉ SA VIE AUX "CABOSSÉS DE LA VIE" !...
AH OUI, VIEUX... UNE GROSSE PERTE...
C'ÉTAIT VRAIMENT UN GRAND BONHOMME, CET ABBÉ PIERRE !
MAIS NON ! MOI, JE TE PARLAIS DE PIRELLI !
...PIRELLI, DES PNEUS PIRELLI...
...MAIS AUSSI LE CRÉATEUR DU FAMEUX CALENDRIER PIRELLI !

LE TEMPS DES RUPTURES POUR LES NOUVEAUX BEAUFS

TU M'AVAIS DRAGUÉ AVEC LES MÊMES PROMESSES QUE SARKOZY... QUE TU N'AS PAS TENUES NON PLUS
SALUT !
« TRAVAILLER PLUS POUR GAGNER PLUS » EN FAIT, CE SERA LA PRÉCARITÉ...
...VA ME FAIRE 2500 PHOTOCOPIES ET RAMÈNE-MOI UN CAFÉ !
« TRANSPARENCE ET MORALISATION DU CAPITALISME »... J'AI JAMAIS EU LA SIGNATURE POUR TON CHÉQUIER...
« JAMAIS LA PLANCHE À BILLETS »... ET TU M'AS COLLÉ À LA PLANCHE À REPASSER !
« JE NE VOUS MENTIRAI PAS JE NE VOUS TRAHIRAI PAS ! » ...ET J'AI
TROUVÉ ÇA DANS TA POCHE !
ESPACE ÉPILATION
LA DEMIE JAMBE 30€
...ET TU N'ES MÊME PAS CAPABLE DE TENIR TA PROMESSE DE RASER GRATIS !

LES NOUVEAUX BEAUFS SE FONT TAPER SUR LES DOIGTS

Ségolène Royal, campagne présidentielle 2007.

PHOTOS DE CHARME
MAGAZINES DE CHARME
SOUS-VÊTEMENTS DE CHARME
STATIONS DE CHARME
HÔTELS DE CHARME
AH ! ENFIN ! UNE CANDIDATE DE CHARME !
VOUS NE DIRIEZ PAS ÇA SI J'ÉTAIS UN HOMME !
VOUS ME COPIEREZ CENT FOIS : "JE DOIS FAIRE DE LA POLITIQUE AUTREMENT"

LES NOUVEAUX BEAUFS : LES DÉGÂTS COLATÉRAUX DE LA CAMPAGNE DE SARKOZY

ÇA FAIT 5 ANS QU'ON EST ENSEMBLE... ON A EU DES BONS MOMENTS...
RESTOS DE LUXE, CROISIÈRES SUR DES YATCHS... J'AI FAIT UN PETIT SONDAGE AUPRÈS DE MES COPINES...
TU ES : MENTEUR NOCEUR CAVALEUR JOUEUR DRAGUEUR FLAGORNEUR EMMERDEUR MAIS...
...TU M'AS SORTI DU RUISSEAU : JE SUIS DEVENU UNE POULE DE LUXE, ET JE NE VEUX PAS PRENDRE LE "DESCENDEUR SOCIAL" !
AUJOURD'HUI, TU VEUX FAIRE PEUPLE, TU VEUX FAIRE DAME PATRONNESSE...
...MAIS MOI, JE NE SERAI PAS TA CHAISIÈRE !
TU VEUX DÉMISSIONNER DU ROTARY-CLUB POUR DEVENIR BÉNÉVOLE AUX RESTOS DU COEUR... ZÉRO POUR TA CANTINE !
SALUT, JE ME TIRE !
ATTENDS ! MOI J'ATTENDS LE RENOUVELLEMENT DE MON CONTRAT PAR MON CONSEIL D'ADMINISTRATION...
ET APRÈS ON REPREND LE BLING-BLING !

PRINTEMPS DE CRISE OU PAS, LES NOUVEAUX BEAUFS SONT DÉCHAÎNÉS

JE SUIS VIRÉ DE MON AGENCE DE NOTATION...
QUE ÇA NE T'EMPÊCHE DE NOTER LES NANAS QUI PASSENT...!
15 SUR 20 POUR CELLE-LÀ ! ET BONNE NOUVELLE : LES ACTIONS COTON RÉTRÉCISSENT. LES NOMBRILS REPASSENT EN TÊTE !
16 SUR 20
SA BULLE FINANCIÈRE VA ÉCLATER
MAIS ELLE A DE BEAUX PARACHUTES DORÉS !
JE VEUX BIEN ÊTRE SON PETIT PORTEUR...
18 SUR 20 : UN CANON
ACHETEZ AU SON DU CANON, VENDEZ AU SON DU CLAIRON !
JE SAIS PAS TOI, MAIS MOI, TOUS MES INDICATEURS SONT À LA HAUSSE !
MAIS CELLE-LÀ... 2 SUR 20 !... C'EST QUE LA CROISSANCE PEUT ENGENDRER L'INFLATION...
...ALORS, HOP ! PROFITONS DE LA PRIME À LA CASSE !

LES NOUVEAUX BEAUFS SUBISSENT LA VENGEANCE DE LEURS EX

J'AI ÉTÉ VIRÉ PAR UNE CHIRAQUIENNE...
J'AI ÉCHAPPÉ DE PEU À LA FUREUR D'UNE BALLADURIENNE
NAGUÈRE VIRÉ PAR UNE SARKOSYSTE...
AUJOURD'HUI VIRÉ PAR UNE BORLOOISTE OU BORLOOHYÈNE...
FAUT QUE ÇA CHANGE ! ENFIN J'AI TROUVÉ UN CLUB DE RENCONTRES QUI ME PROPOSE UNE PRIMAIRE
...SUR LE THÈME DU CHANGEMENT

LES NOUVEAUX BEAUFS : TROP DE FÊTE TUE LA FÊTE

JE T'AI DÉJA SOUHAITÉ LA FÊTE DES CITROUILLES...
...OUI... HALLOWEEN !
JE T'AI DÉJA SOUHAITÉ LA FÊTE DES CATHERINETTES...
...OUI, COMME CHAQUE ANNÉE...
JE T'AI DÉJA SOUHAITÉ LA FÊTE DES MÈRES, LA FÊTE DES GRANDS MÈRES
MISS MÉMÉ
LA FÊTE DES SECRÉTAIRES, LA FÊTE DES PÈRES FOUETTARD...
HEU... OUI NOËL...

JE T'AI DÉJA SOUHAITÉ LA CHANDELEUR LA SEMAINE DERNIÈRE...
ALORS JE NE VAIS PAS TE SOUHAITER **ENCORE** LA S^T VALENTIN...
...FAUT EN LAISSER QUAND MÊME UN PEU POUR LES AUTRES !

LES NOUVEAUX BEAUFS : SE PROTÉGER DES MAUVAISES LANGUES

MONICA
MAUVAIS EXEMPLE...
ELLES VONT TOUTES ÉCRIRE UN LIVRE POUR RACONTER "LEUR" SOUFFRANCE"...
BEN MOI, JE VAIS DÉNONCER CELLE QUI PRATIQUAIT LE PERCING !

LES NOUVEAUX BEAUFS : L'ACTUALITÉ PEUT VENIR EN AIDE

POUR TON ANNIVERSAIRE, JE VOULAIS ...
...T'OFFRIR UN DÉJEUNER EN HAUT DU WORLD TRADE CENTER...
...OU T'EMMENER FAIRE 15 JOURS DE TRAINING EN MÉSOPOTAMIE...
...OU T'OFFRIR UN SÉJOUR AU CARNAVAL DE GUANTÁNAMO... MAIS...
C'EST COMPLET...
...OU T'INVITER DANS UN "TROIS-ÉTOILES"...
MENU POULARDE DEMI DEUIL
MAIS TOUT CECI EST TROP TRISTE...
EH BEN, TANT PIS... TON ANNIVERSAIRE CE SERA POUR L'ANNÉE PROCHAINE !

LES NOUVEAUX BEAUFS : COMMENT SE DORER LA PILULE

UNE PILULE...
...POUR AVOIR LES CHEVEUX GOMINÉS...
UNE PILULE POUR AVOIR LES PIEDS PROPRES...
UNE PILULE POUR AVOIR DES CHAUSSURES QUI BRILLENT...
UNE PILULE POUR SENTIR LA VIOLETTE...
LÀ FAUT PAS SE TROMPER...
UNE PILULE POUR EMBALLER...
ET LA PILULE POUR BANDER...
...ET ZUT ! J'AI PRIS D'ABORD LA PILULE POUR DÉBANDER !

LES NOUVEAUX BEAUFS : QUAND Y'A PLUS DE LIMITES, Y'RESTE LE PLAISIR

ON DIT QUE JE SUIS "LIMITE"...
...À LA LIMITE DE LA VULGARITÉ ET DE LA GROSSIÈRETÉ...
MARCHÉ
...À LA LIMITE DU COPINAGE ET DE LA CORRUPTION
À LA LIMITE DE LA DRAGUE
...ET DU RABATTAGE
EPO
POT BELGE
CORTICOÏDES
...À LA LIMITE DE LA THÉRAPIE ET DU DOPAGE...
...À LA LIMITE DU CLANISME ET DE LA MAFIA...
START-UP BEAUF
À LA LIMITE DE L'ESCROQUERIE ET DE LA DÉMERDE...
MAIS MOI, JE RÉPONDS : JE NE SUIS PAS LE SEUL... QUE FONT TOUS CES GENS...
À LA LIMITE DE LA TERRE ET DE LA MER...?

UNE LEÇON DE DRAGUE POUR LES NOUVEAUX BEAUFS

21
22
"À MOI DE VOUS FAIRE PRÉFÉRER LE TRAIN"
M'ACCORDEREZ-VOUS UNE SECONDE ?
DÉPART DANS UNE MINUTE
UNE MINUTE ?
EN RAISON D'UN ACCIDENT DE PERSONNE SUR LA VOIE, UN RETARD DE 60 MINUTES...
UNE HEURE ?
EN RAISON DU VOL DE 500 MÈTRES DE FILS DE CUIVRE LE LONG DES VOIES ... UN RETARD DE PLUSIEURS HEURES...
UNE NUIT ?...
...JE N'EN ESPÉRAIS PAS TANT !

Campagne de la SNCF « À nous de vous faire préférer le train », en octobre 2011.

LES NOUVEAUX BEAUFS : DES DÉBOUCHÉS QUI TENDENT LES BRAS

LES NOUVEAUX BEAUFS : TRAVAIL SUR MODÈLES

AAAH ! LE MODÈLE JAPONAIS... QUAND J'AVAIS 20 ANS...
ÉCONOMIE
ENSUITE IL Y A EU LE MODÈLE ALLEMAND
C'ÉTAIT PAS MAL NON PLUS...
ET APRÈS, LE MODÈLE ANGLAIS... HÉ HÉ !
MAIS AUJOURD'HUI, LE MODÈLE DANOIS, C'EST LE TOP !
PARCE QUE LE MODÈLE FRANÇAIS EST NAZE... TROP DE CHARGES !
LE RÉGIME CRÉTOIS AUSSI EST NAZE... FAUDRAIT ESSAYER LE RÉGIME DU DARFOUR !
Dior
CHANEL

LES NOUVEAUX BEAUFS DÉCOUVRENT LA DRAGUE SUR INTERNET

RENTRE PRÉPARER LA SESSION DE RATTRAPAGE!
MOI, J'AI RENDEZ-VOUS AVEC UN CANON FACEBOOK...
MOI, J'AI UN PEU EXAGÉRÉ MES MENSURATIONS ...ENTRE GEORGES CLOONEY ET ROCCO SIFFREDI...
P'PA!... SESSION DE RATTRAPAGE?

LES NOUVEAUX BEAUFS : LA FRANCE EST COUPÉE EN DEUX

Manifestations pour ou contre le Mariage pour tous, avril 2013.

NON AU MARIAGE HOMO
OUI AU MARIAGE HOMO
JE SUIS PARTAGÉ... J'AI DES AMIS DANS LES DEUX CAMPS...
C'EST BIEN TOI!... TOUJOURS INDÉCIS!
cabu

LES NOUVEAUX BEAUFS : TANT QU'IL Y AURA DES HOMMES

PAS DE RADARS !
PAS D'EMBOUTEILLAGES !
...ON ÉCRASE TOUT QUAND ON EST COLLECTIONNEUR D'ENGINS DE GUERRE !
ET ON DRAGUE COMME DES BÊTES !
À LA PROCHAINE !
BIENTÔT FINIS TES ENFANTILLAGES ?
TOI ! TA GUEULE ! SINON... TONDUE À LA LIBÉRATION !

POUR LES NOUVEAUX BEAUFS, SARKOZY RESTE UN MODÈLE

Je faisais du jogging comme Sarkozy pour plaire aux nanas …
Ahah! …Si je t'attrape! …
…Sans grand succès …
Je faisais des UV comme Sarkozy…
Ah ah! …Bleu saignant ou à point?
…Pour plaire aux nanas… sans succès…
Je me suis mis à lire des livres et à écouter de la grande musique comme Sarkozy …
Bonjour petite princesse de Clèves!
…Sans succès…
Mais depuis que je fais du QUAD comme Sarkozy au Maroc …
…J'emballe!

LES SITES DE RENCONTRES DES NOUVEAUX BEAUFS

Une magistrate célibataire?…Non, la justice, ça fout la trouille!
Une sociologue? Non…ennuyeuse!
Une étrangère? Non, c'est le genre à exiger le préservatif…
Une journaliste?…Non, merci bien… avoir comme conversation sur l'oreiller …que des chiens écrasés!
Ah mais voilà!… une sociologue-juriste-d'origine étrangère et journaliste! Oui! Oui!…
La belle et le beauf
…Elle, c'est sûr, elle me fera devenir célèbre avec mes performances au lit!
cabu

AFFAIRE CAHUZAC : LES NOUVEAUX BEAUFS RELATIVISENT

Entre décembre 2012 et avril 2013, le site Médiapart met en cause le ministre du Budget Jérôme Cahuzac, ancien chirurgien esthétique, qui finira par avouer avoir commis une fraude fiscale.

Je vous recommande notre menu aphrodisiaque
Oh oui! Pour fêter le printemps!
Et justement, tu m'avais promis qu'au printemps, tu aurais quitté ta femme… et aujourd'hui, tu n'as toujours pas lâché ta salope!
Si je demande le divorce, ma femme va me dénoncer mon compte en Suisse…
Ça y est! J'ai la preuve qu'il s'est fait poser des cheveux artificiels par Cahuzac!
Pour parler d'autre chose, je trouve qu'on est un peu salaud avec Cahuzac… la triche aux impôts, c'est quand même un sport national!
cabu

LES NOUVEAUX BEAUFS S'ENGAGENT

En octobre 2013, la pétition des « 343 salauds » (par référence aux « 343 salopes » réclamant en 1971 le droit à l'avortement) s'oppose à la pénalisation des clients de prostituées.

PAS BESOIN DE PLAIRE, PAS BESOIN D'ÊTRE INTELLIGENT, PAS BESOIN DE CHANGER...
...DE CHANGER DE CALEÇON POUR ALLER AUX PUTES
T'AS RAISON, JE VAIS SIGNER LA PÉTITION DES "343 SALAUDS" QUI VONT AUX PUTES !
MOI, JE VOUDRAIS BIEN AUSSI QU'UNE FEMME...
...ME PAYE POUR LUI FAIRE L'AMOUR
...DONC, JE SUIS POUR LA PROSTITUTION...
...MAIS ATTENTION PAS LE BAS DE GAMME VULGAIRE NON...
...MOI, C'EST ESCORT GIRL...
...OU RIEN

C'EST LE PRINTEMPS POUR LES NOUVEAUX BEAUFS

Élections européennes, du 22 au 25 mai 2014.

LES ANGLAISES... DES PIMBÊCHES...
LES SUÉDOISES... DES MIJAURÉES...
LES HOLLANDAISES... QU'EST-CE QU'ELLES SE CROIENT...
LES ITALIENNES... AH NON... C'EST UNE ESPAGNOLE !
NAAAAN !
...ET VOUS VOUDRIEZ QUE JE VOTE POUR LES EUROPÉENNES ...DES CLOUS !... JE VAIS ME REPLIER SUR LES...
...PARISIENNES !
OUMPF

LES NOUVEAUX BEAUFS ET LE JOUR DE LA "LIBÉRATION FISCALE"

DES NOMBRILS, DES NOMBRILS, DES NOMBRILS... DES PIERCINGS DES PIERCINGS DES PIERCINGS...
DES MAMELLES, DES MAMELLES, DES MAMELLES... RECTIFIÉES ET TATOUÉES
DU BOTOX, DU BOTOX, DU BOTOX... ET DES MÉLANOMES...
TOUT ÇA SUR LE DOS DE LA SÉCU, TOUT ÇA AVEC L'ARGENT DU CONTRIBUABLE !
MAIS CHAQUE ANNÉE, APRÈS LE 14 JUILLET, J'AI CALCULÉ QUE LES FRANÇAIS CESSENT DE TRAVAILLER POUR L'ÉTAT...
...ET QU'ILS COMMENCENT ENFIN À PROFITER DES REVENUS DE LEUR TRAVAIL
ENFIN JE VAIS POUVOIR ME PAYER DU BOTOX ET DES MÉLANOMES

LES NOUVEAUX BEAUFS : TROUVER CHAUSSURE À SON PIED NÉCESSITE QUELQUES ESSAYAGES

J'AI RENCONTRÉ WANDA... À UNE BÉNÉDICTION DE MOTOS
SIMONE... À UN "VIDE-GRENIER"
JENIFER... AU FESTIVAL DU CRI DE COCHON
AU FESTIVAL DU LANCER DE BÉRET
CINDY... AU FESTIVAL DU LANCER DE NOYAU DE PÊCHE
PLOC
ÉMILIE... À LA FÊTE DE LA MOISSON...
...À L'ANCIENNE
ET UNE GAULLISTE HISTORIQUE AUX UNIVERSITÉS D'ÉTÉ DE L'UMP
POUR MOI, CE SERA TOUJOURS L'UDR !

LE NOUVEAU BEAUF FAIT DE LA POLITIQUE

PETITES LISTES POUR NOUVEAUX BEAUFS

POUR BHL JE SUIS UN MUNICHOIS
POUR DE VILLIERS JE SUIS UN MAASTRICHIEN
DICO
POUR CHEVÈNEMENT JE SUIS UN VICHYSSOIS
POUR LE PEN JE SUIS UN BRUXELLOIS
POUR LA LISTE CHASSE, PÊCHE, ETC JE SUIS UNE POULE MOUILLÉE...
POUR LES ÉCOLOS, JE SUIS UN BARBARE...
Y A QUE... ARLETTE QUI EST GENTILLE AVEC MOI !
...ET QUI DIT QUE LA SOCIÉTÉ EST MÉCHANTE AVEC MOI !
cabu

ATTIRANCE-RÉPULSION : LA CAMPAGNE A DÉBUTÉ CHEZ LES NOUVEAUX BEAUFS

Campagne des élections présidentielles de 1988.

UN HOMME POLITIQUE DOIT SUSCITER PLUS D'ENVIE QUE DE HAINE...
CELUI-CI A FAIT UN BEL HÉRITAGE...
CELUI-CI A UNE BELLE FEMME ET UNE BELLE ÉQUIPE DE FOOT...
CEUX-CI SONT NÉS AVEC UNE CUILLÈRE DORÉE DANS LA BOUCHE...
CELUI-LÀ, C'EST PLUTÔT AVEC UN PARAPLUIE
C'EST COMME DANS LE MARIAGE ...ON CROIT CHOISIR LE MEILLEUR
ET ON EST CONTENTE QUAND ON A LE MOINS PIRE...
cabu

P.S. : LES CANDIDATS NATURELS DES NOUVEAUX BEAUFS

En 1994, l'ancien maire d'Angoulême, Jean-Michel Boucheron, est condamné pour trafic d'influence alors qu'il s'est enfui en Argentine.

LE CANDIDAT DES DÎNERS EN VILLE : ~~GUY DEGRENNE~~ PIERRE BERGÉ
LE CANDIDAT DES BRANCHÉS
ALLONZ'IDÉES !
GUY MOLLET
LE CANDIDAT DES "BOEUF CAROTTES"
NAVARRO
LE CANDIDAT DES CULOTTES DE PEAU
LE CANDIDAT DES CULOTTES DE GOLF
GOLF
KIEJMAN
LA CANDIDATE DU DALAÏ-LAMA ET DES TRANS COURANTS D'AIR
LE CANDIDAT DES ROUTARDS : BOUCHERON
LE SEUL CANDIDAT P.S QUI PUISSE CONCURRENCER TAPIE...
cabu

POUR NOYAUTER TOUS CES DÉFENSEURS BÊLANTS DU "DROIT À LA VIE" ...PARCE QUE MOI, JE SUIS POUR LA PEINE DE MORT !
MAIS NOUS AUSSI... COUILLON !

Abolition de la peine de mort en septembre 1981.

LES ANCIENS CANDIDATS AU BAC DONNENT DES CONSEILS AUX FUTURS BEAUFS

Michel Rocard, Philippe de Villiers, Jean-Marie Le Pen, Dominique Baudis, Brice Lalonde, Jean-Pierre Chevènement et Bernard Tapie.

PAS DE COMPORTEMENT SUICIDAIRE... NE RÉDIGEZ PAS VOTRE TESTAMENT...
NE COMPTEZ PAS TROP SUR LA SOLIDARITÉ DE VOTRE VOISIN...
M'SIEUR ! IL COPIE !
ET SI ON FAISAIT UNE LISTE AUX EUROPÉENNES ?
ESSAYEZ DE VOUS METTRE BIEN AVEC UNE PROF
NE SOYEZ PAS TROP FAYOT...
JE PEUX VOUS AIDER À CORRIGER LES COPIES, M'SIEUR
PLANQUEZ VOS "ANTI-SÈCHE"
APPEL DU 18 JUIN
ENFIN, UN PEU DE CULOT... MAIS PAS TROP...
ON PEUT S'ARRANGER, MÉMÉ...
cabu

LES NOUVEAUX BEAUFS DANS LES NOUVELLES MAIRIES

Élections municipales de juin 1995. En mai, l'ancien maire de Nice, Jacques Médecin, avait été condamné à deux ans de prison ferme pour détournement de fonds.

JE CONTINUE DE DIRIGER MA MAIRIE DEPUIS MA CELLULE...
MONUMENT AUX MORTS
REMPLACER LES VIEUX OBUS PAR DES EXOCET ?
cabu
LA CANTINE SCOLAIRE ?.. JETEZ LES ÉTIQUETTES DES YAOURTS PÉRIMÉS !
REFAIRE LES GOUTTIÈRES EN ZINC ? ...COMMANDEZ DE LA FEUTRINE ! OUI ! Y A QUE LA FACTURE QUI DOIT ÊTRE EN ZINC ! AH ! AH !
AH ! LE POT-DE-VIN NOUVEAU EST ARRIVÉ ! AH ! AH !
IL A DE LA ROBE ! COMME UN AVOCAT !
AU PARLOIR
JE CONTINUE MES MARIAGES...
...ET LES DÉCORATIONS...
BIENVENUE JACQUOT
ET JE VAIS BIENTÔT JUMELER MA VILLE AVEC PUENTA DEL ESTE AVEC MON AMI JACQUES MEDECIN !

LES NOUVEAUX BEAUFS ET LE DÉMÉNAGEMENT DU TERRITOIRE

QUAND L'USINE A FERMÉ
QUAND LA GARE A FERMÉ
QUAND L'ÉPICERIE A FERMÉ
Epicerie
QUAND L'ÉCOLE A FERMÉ
...JE M'EN FOUTAIS, JE N'ÉTAIS PAS CLIENT...
À LA PLACE DE TOUT ÇA ILS ONT CONSTRUIT UNE PRISON...
J'AURAIS DÛ PENSER QU'UN JOUR, JE POURRAIS DEVENIR CLIENT.

LE DÉCOURAGEMENT GAGNE DU TERRAIN CHEZ LES NOUVEAUX BEAUFS

OUI ! LES SOCIALISTES PÉNALISENT MON ESPRIT D'INITIATIVE ET D'ENTREPRISE...
LE FIGARO
LES SOCIALISTES DÉMORALISENT LES FRANÇAIS
IMPÔTS
AU BOULOT, ON N'A PLUS LE COEUR À EMBAUCHER...
ON NE PEUT MÊME PLUS BIZUTER !
À LA MAISON, ON NE PEUT PLUS AVOIR DE BONNE
...OU ALORS DES VIEUX TROMBLONS !
... S'ILS CROIENT QU'ON VA RENOUVELER LES GÉNÉRATIONS...
... EN FAISANT L'IMPASSE SUR LES AMOURS ANCILLAIRES, CE SONT DE DANGEREUX UTOPISTES !

L'AUTOMÉDICATION COMME REMÈDE CHEZ LES NOUVEAUX BEAUFS

J'EN AI MARRE DE REMPLACER L'ÉTAT DÉFAILLANT ...
... ET DE SUBVENTIONNER DES ASSOCIATIONS ...
CANCER
RESTOS DU COEUR
MYOPATHIE
BAR
Folies
2/3 POUR LA COM' ...
PENSER À FAIRE UNE MAMMOGRAPHIE ...
1/3 POUR LA RECHERCHE ...
... JE VEUX ME PAYER MON CANCER TOUT SEUL !..
... ET M'EN METTRE PLEIN LA LAMPE !
FOIE GRAS À L'AMIANTE
COLORANT
Champagne

LES NOUVEAUX BEAUFS : ENTRE LES DEUX, MON CŒUR BALANCE

BLONDE OU BRUNE ? GRANDE BRINGUE OU PETIT BOUDIN ?
COLLANT OU PORTE-JARRETELLES ? PETIT-BATEAU OU STRING ?
COUETTE OU SAC DE COUCHETTE ? MISSIONNAIRE OU BROUETTE JAPONAISE ?
RF
BUREAU DE VOTE
RÉPUBLI-QUE OU FASCISME ? HEU... DANS LES DEUX Y A DU BON !
RÉPUBLIQUE
FASCISME

CHEZ LES NOUVEAUX BEAUFS, UN CORBEAU NE FAIT PAS LE PRINTEMPS

DANS LA FAMILLE CORBEAU, JE DEMANDE...
...UN ARRIÈRE-ARRIÈRE-ARRIÈRE-ARRIÈRE GRAND-PÈRE...
...QUI AVAIT DÉNONCÉ UNE "SORCIÈRE"...
...UN ANCÊTRE LOINTAIN QUI AVAIT DÉNONCÉ...
...UN VOISIN À L'INQUISITION...
...UN AUTRE QUI AVAIT DÉNONCÉ
...LA FUITE DE LOUIS XVI, À VARENNES...
...UN GRAND ONCLE QUI AVAIT DÉNONCÉ DREYFUS...
ÎLE DU DIABLE
... ET UN ONCLE QUI AVAIT DÉNONCÉ L'AMANT DE SA FEMME EN 1943...
ALORS MOI, JE DEVAIS ÊTRE À LA HAUTEUR DE MA FAMILLE : J'AI DÉNONCÉ MA VOISINE
...CLAIRE EN STRING, ET LES FLICS ONT COMPRIS "CLEARSTREAM"...

LES NOUVEAUX BEAUFS : PLUS ÇA VA, MOINS ÇA VA...

MOI, PLUS ON ME DIT DE NE PAS FUMER...
...PLUS ON ME DIT DE NE PAS BOIRE...
...PLUS ON ME DIT : « PAS SANS CAPOTE »...
RHAN RHAN
PLUS ON ME DÉCONSEILLE LE VIAGRA...
VIAGRA
VIAGRA
...PLUS ON ME DIT DE NE PAS ROULER VITE...
POLICE
... PLUS JE BOURRE !...
PLUS ON ME DIT DE TRIER MES DÉCHETS ...
ET PLUS ON ME DIT DE NE PAS VOTER POUR ...
LE PEN
J'VAIS ME PRIVER, TIENS !

GOUVERNEMENT CHIRAC : PREMIÈRES SUPPUTATIONS...

Après les élections présidentielles de 2002.

COUVE DE MURVILLE ET DE JURASSIC PARK
J.P. SOISSON MÉTÉO
J.E. HALLIER CULTURE OU DÉFENSE Nle
ET MON BEAUF, MINISTRE DES NOUVEAUX BEAUFS !
PONS INTERIEUR CULTES ET GROTTES
MADELIN IMMOBILIER
Cabu

LES NOUVEAUX BEAUFS : REGARDEZ CE QU'ELLES ONT FAIT DE MOI

DÉJA AVEC MA NOURRICE, JE N'ÉTAIS PAS À L'AISE ...
PLUS TARD, J'AURAIS PRÉFÉRÉ UN INSTITUTEUR...
J'AI PAS ENVIE D'ÊTRE EFFÉMINÉ LE RESTANT DE MA VIE !
À L'ARMÉE...
JE SUIS TOMBÉ SUR UNE COLONELLE ...
ET PENDANT DES ANNÉES J'AI ÉTÉ SOUS LA COUPE D'UNE PATRONNE...
ALORS AUJOURD'HUI, ON ME DIT QU'UNE FEMME VA ME REPRÉSENTER...
ALORS JE DIS HALTE-LÀ !.. JE PEUX LE FAIRE MOI-MÊME !
« PARCE QUE JE LA VAUX BIEN ! »
SÉGOLÈNE
SÉGOLÈNE
SÉGO
SÉGO
SÉGO

ENVIRONNEMENT : LES NOUVEAUX BEAUFS DÉPASSENT LEURS QUOTAS

Nicolas Sarkozy, ministre de l'Intérieur dans le gouvernement Raffarin en 2002.

MAINTENANT TOUTES LES ACTIVITÉS HUMAINES SONT COMPTABILISÉES EN REJETS DE CO²
LE RÉCHAUFFEMENT DE LA PLANÈTE
PETITE CONSOLATION : JE REJETTE MOINS DE MÉTHANE QU'UNE VACHE
POUR ALLER M'ACHETER MES CLOPES EN 4x4...
...JE REJETTE 300 m³ DE CO²
POUR FAIRE SAUTER UN RADAR À L'EXPLOSIF...
300 m³ DE CO²
POUR ROULER SUR L'AUTOROUTE À CONTRESENS :
3000 m³ DE CO²
ET MÊME... POUR ME FAIRE INCINÉRER :
300 m³ DE CO²
MOI, JE BRASSE DE L'AIR, MAIS...
...MAIS AU MOINS, JE NE REJETTE QUE PEU DE CO²

LES NOUVEAUX BEAUFS : JE SONDE, DONC JE SUIS !

SLIP OU CALEÇON ?
E.P.O OU POT BELGE ?
PASTIS OU ALCOOL À BRÛLER ?
BOTOX OU COLLAGÈNE ? P.S.G OU POINT G ?
TATOUAGE OU PIERCING ? SUNNITE OU CHIITE ?
PYJAMA OU NUI-SETTE ?
À CHACUN SA SPÉCI-FICITÉ...
... MAIS PARFOIS SURGIT UN HOMME EXCEPTION-NEL...
...QUI RÉUNIT TOUT ÇA À LA FOIS :
...VOTEZ SARKOZY

LES NOUVEAUX BEAUFS : IL EST INTERDIT D'INTERDIRE

ON M'A RETIRÉ MON PERMIS DE CHASSE...
...SOUS PRÉTEXTE QUE J'AVAIS TIRÉ SUR UN CUEILLEUR DE CHAMPIGNONS...
ON M'A RETIRÉ MON PERMIS DE CONDUIRE...
...SOUS PRÉTEXTE QUE J'AI ÉCRASÉ UNE MÉMÉ...
ON M'A RETIRÉ MON PERMIS BATEAU...
...SOUS PRÉTEXTE QUE J'AI ZIGOUILLÉ UN DAUPHIN !

...MAIS ON M'A PAS RETIRÉ MON PERMIS DE VOTER **LE PEN**...
...POUR ABATTRE LE RÉGIME, Y A PAS BESOIN DE PERMIS !

LES NOUVEAUX BEAUFS ONT DES VALEURS

J'EN'AI PLUS UNE SOIRÉE LIBRE!..
RÉUNION TUPPERWARE AVEC DES AMIS QUI VEULENT RESTAURER LES VALEURS
MOTION DE SOUTIEN À - CARIGNON - MÉDECIN - CHANAL
MANIF CONTRE LES LIMITATIONS DE VITESSE...
À BAS !
GESTAP
ROUTE
PATROUILLE DE COMMERÇANTS EN AUTO-DÉFENSE...
RÉUNION CONTRE LA MIXITÉ AU LYCÉE...
RÉUNION CONTRE LA MIXITÉ À LA PISCINE..
RÉUNION CONTRE LA MIXITÉ AU PARADIS..
MANIF CONTRE LE HARCÈLEMENT DES IMPÔTS...
À BAS LA GESTAPO FISCAL
COM-MANDO ANTI-AVORTE-MENT..
ET J'APPRENDS QUE "COMBAT POUR LES VALEURS" EST REMPLACÉ PAR "MOUVEMENT POUR LA FRANCE"!
C'EST PARCE QU'ON NOUS CONFONDAIT AVEC "COMBAT POUR LES VOLEURS"!
cabu

LES NOUVEAUX BEAUFS : FAUDRAIT VOIR À PAS S'TROMPER D'ADVERSAIRE

C'EST PAS LA VITESSE!
C'EST PAS L'ALCOOL!
C'EST PAS LE PÉTROLE!
C'EST PAS LA GUERRE, C'EST DU MAINTIEN DE L'ORDRE!
C'EST PAS LE PROFIT!
C'EST LE MARCHÉ!
C'EST PAS DU HARCÈLEMENT
ÇA SERAIT DE LA LÉGITIME DÉFENSE!
C'EST PAS MA FAUTE!
C'EST PAS MOI!
C'EST PAS LES CHAMBRES À GAZ...
IL Y A DES SEMAINES OÙ VOUS DEVRIEZ FERMER VOS GUEULES!

Le 11 octobre 2004, conférence de presse de Bruno Gollnisch (FN) sur le négationnisme.

SARKOZY, IL AURAIT PU ÊTRE CHANTEUR...
...CHEZ LES CHORISTES
IL AURAIT PU ÊTRE PROF À LA PLACE DU PROF
FAYOT !
IL AURAIT PU ÊTRE ORGANISATEUR DE COMBATS DE COQS...
INNÉ
ACQUIS
IL AURAIT PU SUCCÉDER À L'ABBÉ PIERRE
UNIQUEMENT POUR LES FRANÇAIS QUI SE LÈVENT TÔT !
HAUT
BAS
...OU ÉDUCATEUR DE RUES, LUI QUI CONNAIT TANT DE REPRIS DE JUSTICE...
LUI MÊME EST UN POIDS COQ
IL AURAIT PU ÊTRE AVOCAT...
MAIS IL L'A ÉTÉ ET IL L'EST TOUJOURS !

LES NOUVEAUX BEAUFS : SARKOZY A TOUS LES TALENTS !

IL AURAIT PU ÊTRE SACRÉ "ROI DES CAMELOTS", MAIS IL GÂCHE SON TALENT EN VOULANT DEVENIR PRÉSIDENT DE LA RÉPUBLIQUE...
UMP

LES NOUVEAUX BEAUFS ET LE PLOMBIER POLONAIS

mon médecin est Roumain...
mon plombier est Polonais évidemment...
mon curé est Rwandais
mon épicier est arabe de proximité...
le correspondant de ma fille est Belgo-Luxembourgeois Libanais-Croate...
et mon banquier est Suisse... VOUS VOYEZ BIEN QUE JE NE SUIS PAS RACISTE !

LES NOUVEAUX BEAUFS DOIVENT-ILS CROIRE AUX SONDAGES ?

DÉVELOPPEMENT DURABLE OU COMMERCE ÉQUITABLE ?
...STOCK-OPTIONS !
FROMAGE OU DESSERT... VOUS CHOISISSEZ QUOI ?
LE CUL DE LA CRÉMIÈRE !
CARREFOUR OU AUCHAN ?
FAUCHON
LE FIGARO OU LE MONDE ?
METRO !
CANNABIS OU COKE ?
DROGUE DU VIOLEUR AH ! AH !
VOTEREZ-VOUS OUI OU NON AU PROJET DE CONSTITUTION EUROPÉENNE ?
NON, NON ET NON ! JE VOTERAI NON : ...CONTRE LE LUNDI DE PENTECÔTE !

LES NOUVEAUX BEAUFS NOSTALGIQUES

JE REGRETTE DÉJA CHIRAC...
AH ! OUI, TIENS, JE MANGERAIS BIEN UNE BONNE TÊTE DE VEAU !
JE REGRETTE POMPIDOU...
AH OUI !... LA CIGARETTE AU BEC ON L'EMMERDAIT PAS !
JE REGRETTE GISCARD...
LAIT
LAIT
LUI, AU MOINS, C'ÉTAIT LA FRANCE QUI SE COUCHE TARD...
JE REGRETTE MÊME MITTERRAND...
AHHH !
JE REGRETTE DE GAULLE...
POUR LE CÔTÉ GLAMOUR ?
NON, POUR LA VIE QU'IL A EUE...
...ET JE REGRETTE LE PRÉSIDENT FÉLIX FAURE
...POUR LA MORT QU'IL A EUE !

LES NOUVEAUX BEAUFS ET "MONSIEUR PLUS"

VOUS AVEZ RAISON DE RATISSER LARGE...
CHEZ F.O.G, VOUS AVEZ DÉCLARÉ VOS DEUX AUTEURS PRÉFÉRÉS :
CELINE ET ALBERT COHEN
BRAVO ! COMME ÇA VOUS PLAISEZ À TOUT LE MONDE !
FNSEA
VOUS AVEZ SIGNÉ LE PACTE ÉCOLOGIQUE ET VOUS SALUEZ L'AGRICULTURE INTENSIVE... BRAVO !
VOUS ÊTES POUR JAURÈS ET...
MEDEF
...LAURENCE PARISOT, BRAVO !
VOUS PRÉFÉREZ UN EXCÈS DE CARICATURES... ET VOUS VIREZ UN RÉDACTEUR EN CHEF... BRAVO !
COMME JOHNNY QUI PROMET DEUX MONTURES POUR LE PRIX D'UNE, VOUS PROMETTEZ DEUX PROGRAMMES POUR LE PRIX D'UN BULLETIN !

LES NOUVEAUX BEAUFS SONT INDÉCIS

Campagne présidentielle de 2007.

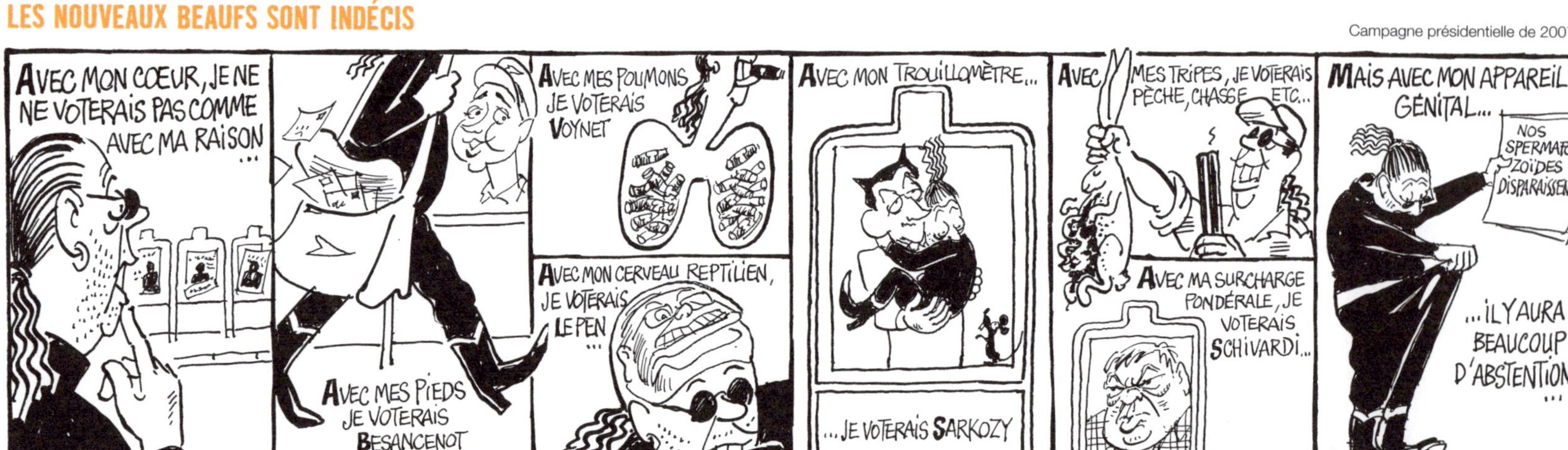
AVEC MON COEUR, JE NE NE VOTERAIS PAS COMME AVEC MA RAISON...
AVEC MES PIEDS JE VOTERAIS BESANCENOT
AVEC MES POUMONS JE VOTERAIS VOYNET
AVEC MON CERVEAU REPTILIEN, JE VOTERAIS LE PEN...
AVEC MON TROUILLOMÈTRE...
...JE VOTERAIS SARKOZY
AVEC MES TRIPES, JE VOTERAIS PÊCHE, CHASSE... ETC...
AVEC MA SURCHARGE PONDÉRALE, JE VOTERAIS SCHIVARDI...
MAIS AVEC MON APPAREIL GÉNITAL...
NOS SPERMATOZOÏDES DISPARAISSENT
...IL Y AURA BEAUCOUP D'ABSTENTION...

ALLE LUïA

"J'AI UNE QUESTION À VOUS POSER", DISENT LES NOUVEAUX BEAUFS

C'EST UNE CAMPAGNE DE PROXIMITÉ...
...JE PEUX VOUS AIDER...
SI UN ÉLECTEUR VOUS DIT : "J'AI UN PROBLÈME DE DURITE...
JE RÉPONDS QUOI ?
EH BIEN JE VOUS CONSEILLE DE BOTTER EN TOUCHE EN LUI RECOMMANDANT UN GYNÉCO...
"J'AI UN PROBLÈME DE DURITE"... VOUS RÉPONDEZ QUOI ?
MES FRÈRES ! JE RÉUNIS LES DURITES DE DROITE ET DE GAUCHE !
SUR LA DURITE VOUS RÉPONDEZ QUOI ?
"ENSEMBLE, TOUT DEVIENT POSSIBLE POUR RÉPARER LES DURITES, VOYONS !
POUR UN PROBLÈME DE DURITE, VOUS RÉPONDEZ QUOI ?
CELA FAIT TROP LONGTEMPS QUE L'ON DIABOLISE LES DURITES !
ÇA FAIT 6 SEPTENNATS QUE JE RÉPÈTE QUE LES DURITES VOUS SPOLIENT ET VOUS EXPLOITENT ! CE COUP-CI, DÉMERDEZ-VOUS, JE ME CASSE !

MÉFIEZ-VOUS DES NOUVEAUX BEAUFS SONDEURS

JE CONSEILLE UN CANDIDAT AUX PRÉSIDENTIELLES QUI VEUT S'ADRESSER AUX JEUNES...
VOTRE C.V S'IL VOUS PLAIT ?
PREMIÈRE COMMUNION ? PREMIER PORTABLE ? PREMIÈRE CIGARETTE ? PREMIÈRE CUITE ?
PREMIER ACCIDENT SORTIE DE DISCOTHÈQUE PREMIÈRE BLENNO ? PREMIÈRE CAPOTE ?
RIEN DE TOUT ÇA ? VOUS N'ÊTES PAS DÉGROSSI, MON VIEUX
AH AH ! REGARDEZ ! UN ENTERREMENT DE VIE DE JEUNE FILLE ! ÇA C'EST DRÔLE ET CLIVANT !
...ALORS QUE VOUS, VOTRE PAUVRE VIE MANQUE DE MARQUEURS ET DE RITES INITIATIQUES...
DONC, CONCLUSION QUI PLAIRA À MON CANDIDAT : VOUS RÉCLAMEZ LE RETOUR DU SERVICE MILITAIRE, N'EST-CE PAS ?

LES NOUVEAUX BEAUFS SONT TOUJOURS INDÉCIS

Élections présidentielles de 2007.

TU ES INCAPABLE DE CHOISIR ENTRE TA FEMME ET TA MAÎTRESSE...
...INCAPABLE DE CHOISIR ENTRE L'ÊTRE ET LE NÉANT
...OU MÊME DE CHOISIR ENTRE SLIP OU CALEÇON...
...TU ES INCAPABLE DE...
CHOISIR ENTRE LA DAME DU CATÉ...
...ET LE BEDEAU DU CURÉ
CHOISIR ENTRE FROMAGE...
50%
30%
...OU DESSERT
ENTRE LE NUCLÉAIRE...
...ET LA BOUGIE...
...ALORS ENTRE L'ISOLOIR DE GAUCHE ET L'ISOLOIR DE DROITE, JE SAIS QUE TU CHOISIRAS LE CENTRE MOU DE BAYROU

LES NOUVEAUX BEAUFS : PARCE QUE JE LES VAUX BIEN !

OYAL
SCHIVARDI
MOI, JE VEUX ÊTRE REPRÉSENTÉ...
CHASSE
...PAR QUELQU'UN QUI FAIT PASSER L'INTÉRÊT GÉNÉRAL AVANT LES INTÉRÊTS PARTICULIERS...
L.O
...QUELQU'UN DE JEUNE, INTELLIGENT, DÉVOUÉ, COURAGEUX... UN DÉCIDEUR COMME MOI QUOI !
COMME J'AI UNE HAUTE OPINION DE MOI-MÊME...
...JE MÉRITE MIEUX QUE CE PAUVRE CASTING... POUR ME REPRÉSENTER MOI, IL FAUT UN ÊTRE D'EXCEPTION...
...CE QUI ME FAIT PENSER TOUT À COUP QUE JE NE SUIS PAS BIEN REPRÉSENTÉ PAR MA FEMME !

LES NOUVEAUX BEAUFS DE LA COM' UTOPISTES

J'AVAIS PRÉVU UNE BARAQUE À FRITES À LA PATTE D'OIE D'HERBLAY
UN THÉ DANSANT À L'HÔTEL DE L'AVENUE GAGARINE
UN VIN D'HONNEUR AVEC LA REINE DE LA QUINZAINE COMMERCIALE
MISS QUINZAINE COM
UN FEU D'ARTIFICE TIRÉ DEPUIS LA CASERNE DES POMPIERS DE L'AVENUE MAURICE THOREZ...
HÉLAS ! ARLETTE N'A PAS GAGNÉ ET C'EST SARKOZY QU'ON A VU SUR LE YATCH DE BOLLORÉ...
ARLETTE LAGUILLER

SONDAGE CHEZ LES NOUVEAUX BEAUFS POUR UNE ÉLECTION QUI DONNE LE TOURNIS

MA BELLE-SOEUR QUI D'HABITUDE VOTE SOCIALISTE...
RAS-LE-BOL DU FÉMINISME... CETTE FOIS, JE VOTE BAYROU !
MON BEAU-FRÈRE QUI D'ORDINAIRE VOTE FRONT NATIONAL...
CETTE FOIS, JE VOTE SÉGOLÈNE POUR EMMERDER MA FEMME !
MON COUSIN L'INTELLO VA DÉLAISSER LAGUILLER...
CETTE FOIS, JE VOTE COMME LES "VRAIS GENS", JE VOTE SARKO !
MON NEVEU DE "CHASSE, PÊCHE, ETC."
CETTE FOIS, JE DRAGUE UNE ÉCOLO !
MA NIÈCE QUI VOTE HABITUELLEMENT POUR UN FACTEUR...
SOLDES
...CETTE FOIS, POUR UN CUL-TERREUX !
SON COPAIN, QUI EST UN AMI DE DIEUDONNÉ, VA VOTER LE PEN
...POUR FOUTRE EN L'AIR LE SYSTÈME !
ET MÊME QUI A TOUJOURS VOTÉ À DROITE...
CETTE FOIS, J'HÉSITE ENTRE JAURÈS ET BLUM !

SELON QUE VOUS SEREZ NOUVEAU BEAUF OU PAS

Nicolas Sarkozy à l'Élysée, le 17 juin 2007.

VOUS AVEZ REMARQUÉ, LES MÉDIAS... DEPUIS QU'IL EST À L'ÉLYSÉE ...
SARKOZY N'EST PLUS "AGITÉ"...
...IL EST "JOGGER PERFORMANT"...
SARKOZY NE FAIT PLUS PEUR...
...AUJOURD'HUI, IL RASSURE...
SARKOZY NE MENT PLUS SUR LES CHIFFRES
...IL EST PRAG-MA-TI-QUE...
SARKOZY N'A PLUS SON LOT D'ÉPREUVES PERSONNELLES
...IL EST COMBLÉ PAR LA VIE...
LOTO
RASSUREZ-VOUS, APRÈS LES LÉGISLATIVES, VOUS RETROUVEREZ LE VRAI SARKOZY

LES NOUVEAUX BEAUFS : L'ART DE SE DÉFAUSSER

J'AI EU UNE ENFANCE DIFFICILE... MA NOURRICE M'A SEVRÉ TROP TÔT...
LA PRINCESSE DE CLÈVES
...MA MAÎTRESSE D'ÉCOLE ME METTAIT AU COIN...
...LA BONNE SOEUR DU CATÉ ME METTAIT AU CACHOT...
TU LE VOIS LE DIABLE ?
...ET JE N'AI CONNU QUE DES HARPIES QUI ONT PLOMBÉ MA CARRIÈRE
C'EST COMME MOI ! "LE FOUQUET'S" C'EST LA FAUTE DE CÉCILIA !
...ET DEPUIS JE PEUX DIRE JE NE SUIS PAS LE MAUVAIS MEC, MAIS HÉLAS, JE SUIS MAL ENTOURÉ !

LA DÉRIVE DROITIÈRE DES NOUVEAUX BEAUFS

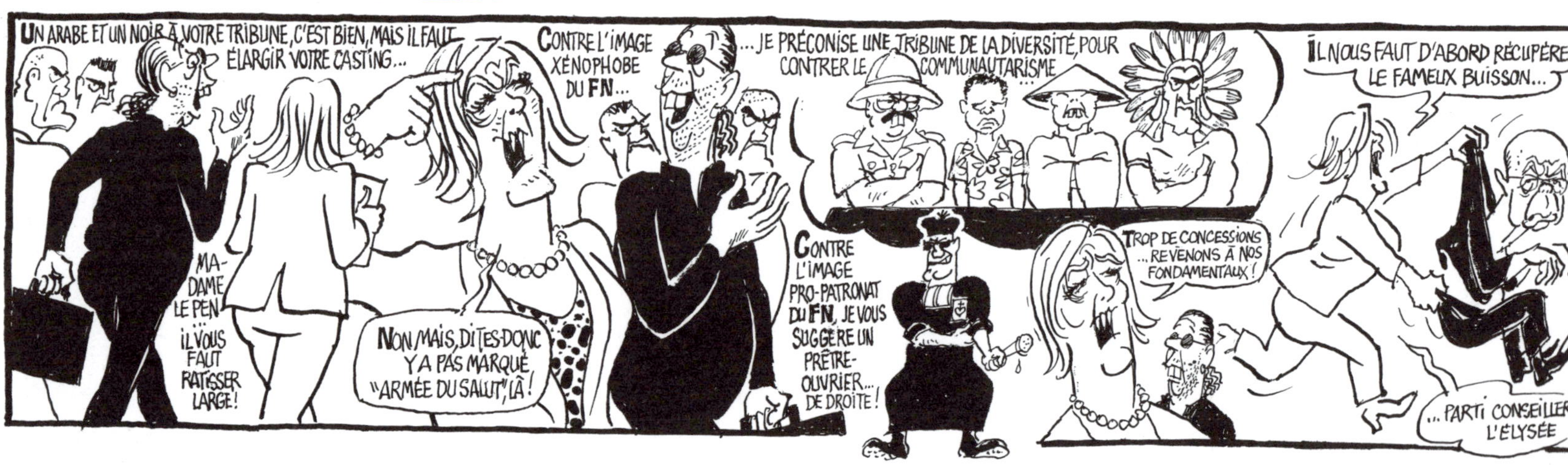
UN ARABE ET UN NOIR À VOTRE TRIBUNE, C'EST BIEN, MAIS IL FAUT ÉLARGIR VOTRE CASTING...
MADAME LE PEN... IL VOUS FAUT RATISSER LARGE !
NON, MAIS, DITES-DONC Y A PAS MARQUÉ "ARMÉE DU SALUT", LÀ !
CONTRE L'IMAGE XÉNOPHOBE DU FN...
...JE PRÉCONISE UNE TRIBUNE DE LA DIVERSITÉ POUR CONTRER LE COMMUNAUTARISME
CONTRE L'IMAGE PRO-PATRONAT DU FN, JE VOUS SUGGÈRE UN PRÊTRE-OUVRIER... DE DROITE !
TROP DE CONCESSIONS ...REVENONS À NOS FONDAMENTAUX !
IL NOUS FAUT D'ABORD RÉCUPÉRER LE FAMEUX BUISSON...
...PARTI CONSEILLER L'ÉLYSÉE

LES NOUVEAUX BEAUFS ET LES RÉFORMES GIGOGNES

Coupe du monde de rugby en France, octobre 2007.

BRAVO !... VOUS AVEZ SUIVI MES CONSEILS !
POUR CAMOUFLER LA CROISSANCE QUI STAGNE, VOUS AVEZ LANCÉ LE DÉBAT SUR LES RÉGIMES SPÉCIAUX...
POUR CAMOUFLER LES GRÈVES, VOUS AVEZ LANCÉ LE FINANCEMENT DES RETRAITES...
POUR FAIRE PASSER LE FINANCEMENT DES RETRAITES VOUS AVEZ SORTI LE TROU DE LA SÉCU...
VOUS AVEZ MÊME SORTI LA FAUSSE LETTRE D'AMOUR (QUI A BIEN TENU DEUX JOURS)...
...OU ENCORE LA FONTE DES GLACES DU PÔLE NORD
...ET MÊME LA FUTURE CARTE DES RADARS...
MAIS POUR MASQUER LE DÉMANTÈLEMENT DE LA SOLIDARITÉ, LA HAUSSE DES PRIX ET LE CHÔMAGE...
...ENCORE EUT-IL FALLU QUE L'ON GAGNASSE
FRANCE

LES NOUVEAUX BEAUFS, CONSEILLERS EN COM' À L'ÉLYSÉE

QUAND ÇA VA MAL IL M'APPELLE...
PENDANT LA CAMPAGNE DE LA PRÉSIDENTIELLE, VOUS AVIEZ PROMIS: « JE SERAI LE PORTE-PAROLE DES SANS-GRADE... »
...MAIS AUJOURD'HUI, VOUS NE POUVEZ PLUS GUÈRE LES APPROCHER...
DEHORS
TIRE-TOI
RACOUSTE
GO!
...CARRÉMENT MIS EN QUARANTAINE PAR VOTRE ENTOURAGE, VOUS NE POUVEZ PLUS VOUS DÉPLACER...
...NI DANS...
...UNE USINE...
...NI DANS UNE UNIVERSITÉ...
...NI À DISNEYLAND...
...NI DANS UN STADE OU ALORS À L'IMPROVISTE...
...DONC, POUR RECONQUÉRIR LA FRANCE PROFONDE, FAITES COMME JOHNNY : UNE GRANDE TOURNÉE...
...RIEN QUE POUR DES FANS...
...RIEN QUE POUR DES SANS-GRADE !

LES NOUVEAUX BEAUFS SONT POUR UN LÉGER REMANIEMENT

Décembre 2007, affaire des 19 millions de retraits suspects de la caisse de l'UIMM.

LE SECRET MÉDICAL, JE CONNAIS...
MA CIRRHOSE ÇA SE VOIT PAS !
LA NOUVELLE SEXUALITÉ DES FRANÇAIS
LE SECRET POUR RESTER JEUNE, JE CONNAIS...
...LE SECRET DU BONHEUR AUSSI !
LE SECRET DE FABRICATION JE CONNAIS...
POUPÉE GONFLABLE POREUSE !
LE SECRET DE LA PISSE D'ÂNE EN BOUTEILLE, JE CONNAIS...
LE SECRET PROFESSIONNEL JE CONNAIS...
RAGOT.com
LE SECRET DE L'INSTRUCTION JE CONNAIS...
COMBIEN ?
LE SECRET BANCAIRE ET LE SECRET DE LA CONFESSION JE CONNAIS...
ET LE SECRET DE FATIMA ?
VOUS AVEZ ENTENDU PARLER DES 19 MILLIONS DE L'UIMM ?
ALLÔ ? NICOLAS ?...
...TU SAIS QUE JE FERAIS UN BON SECRETAIRE D'ÉTAT !

LES NOUVEAUX BEAUFS CONSEILLENT LES DAMES PATRONNESSES

IL FAUT QUE JE ME TROUVE UNE CAUSE HUMANITAIRE...
...IL FAUT QUE JE ME TROUVE MES "PIÈCES JAUNES" À MOI...
ÉCOUTEZ MES CONSEILS : VOUS AVEZ L'EMBARRAS DU CHOIX...
– FOOTBALLEURS SANS FRONTIÈRE
– PARADIS FISCAL SANS FRONTIÈRE
– TURISTA SANS FRONTIÈRE
OU BIEN...
S.O.S PARVENU
S.O.S NOUVEAU RICHE
S.O.S INDIGESTION
S.O.S EPECTASE
TOUTÇA, C'EST DÉJÀ PRIS !
J'AI VU LES DERNIERS SONDAGES... ALORS JE VAIS DÉFENDRE LES CAUSES PERDUES...
... JE VEUX SAUVER LE PETIT NICOLAS !

LÂCHAGE ET DÉBAUCHAGE SONT LES DEUX MAMELLES DES NOUVEAUX BEAUFS

T'ES BÊTE ! T'ES MOCHE ! TU SENS LE TABAC !
EN PLUS, T'AS VOTÉ SARKOZY !
JE ME TIRE !... ADIEU...
TÉLÉPHONE !... C'EST POUR TOI !
BONJOUR !... C'EST SARKOZY !... VOUS ÊTES BÊTE, VOUS ÊTES MOCHE, VOUS SENTEZ LE TABAC... VOUS ÊTES REPRÉSENTATIF D'UNE PARTIE DE MON ÉLECTORAT... J'AIMERAIS QUE VOUS TRAVAILLIEZ POUR MOI... VOUS SERIEZ MA BOUSSOLE...

LES NOUVEAUX BEAUFS FRAPPÉS PAR LA SARKOZYTE

LE SILENCE QUI SUIT SARKOZY EST ENCORE DU SARKO...
...PARTOUT ON CITE SARKOZY...
...DANS LES DINERS EN VILLE...
SARKO
SARKO?
SARKO!!
SARKO?
CARLA!
...AU BUREAU
ENSEMBLE TOUT DEVIENT POSSIBLE
JE REFUSE TOUTE OUVERTURE AVANT LA RUPTURE D'AVEC TA FEMME
...DANS LA CHAMBRE DES ENFANTS...
J'AIME MIEUX CARLA!
LE PETIT NICOLAS
...DANS LA CHAMBRE DES PARENTS...
QUAND IL Y A DES GRÈVES MAINTENANT, PERSONNE NE S'EN APERÇOIT...
...MAIS JE M'APERÇOIS BIEN DE L'ARRÊT D'UNE CERTAINE CATÉGORIE DE PERSONNELS!
...DANS LA SALLE DE BAINS...
CASSE-TOI PAUV' CON!

LES NOUVEAUX BEAUFS ET LA PIPOLISATION

CHEZ MON DENTISTE...
CARLA
SARKO-CARLA
CHEZ MON COIFFEUR...
CARLA
CHEZ MON OSTÉOPATHE...
SARKO CARLA
CARLA
CARLA
PARTOUT...
PARTOUT...
JE DEMANDE UNE PAUSE-PIPI !
AH NON ! Y EN A MARRE DE MÉLANGER LA VIE PRIVÉE ET LA VIE PUBLIQUE !

LES NOUVEAUX BEAUFS ET LES LIMITES DU POUVOIR PAR PROCURATION

En février 2008, Carla Bruni épouse Nicolas Sarkozy (rencontré en novembre 2007).

LE RÊVE... AH! LE RÊVE N'EST PLUS CE QU'IL ÉTAIT... VOYEZ LE PSG...
TE V'LA D'JA!
DAKAR
...VOYEZ LE "DAKAR"...
...VOYEZ LE TOUR DE FRANCE...
IL Y A BIEN EU LE RÊVE DU POUVOIR D'ACHAT...
...QUI S'EST VITE ÉVAPORÉ...
C'EST POURQUOI JE VOUS AI CONSEILLÉ DE RENCONTRER UN TOP-MODEL POUR FAIRE RÊVER LES FRANÇAIS...
SONDAGES
HÉLAS, LE RÊVE NE LEUR SUFFIT PAS... ILS VOUDRAIENT MA PLACE AUPRÈS DE CARLA!

LES NOUVEAUX BEAUFS MUNICIPAUX

Élections municipales 2008.

SANS TOIT
SANS EMPLOI
SANS-PAPIERS
IL Y A ENCORE PLUS PRÉCAIRE QUE VOUS!...
JE NE VEUX PAS DE CHAÎNES
VOTEZ RENOUVEAU
JE SUIS LIBRE DE TOUTE ATTACHE
PLUTÔT CREVER QUE D'ÊTRE ENCARTÉE!
UN PARTI? MOI, JAMAIS!
VOTEZ COMPÉTENT
...CE SONT LES SANS-PARTI!

VOUS AVEZ ÉTÉ ÉLU SUR LA PROMESSE...
...DE NE PAS AUGMENTER LES IMPÔTS LOCAUX, BRAVO...

LES NOUVEAUX BEAUFS ...ET LEURS PLANS DE COM' MUNICIPAUX

LA MAISON COMMUNE SERA LOUÉE POUR DES TOURNAGES DE FILMS "DE CHARME"
MAIRIE
...CE QUI PAIERA LES EMPLOYÉS MUNICIPAUX...
L'AGRANDISSEMENT DU CIMETIÈRE SERA PAYÉ PAR...
...L'ENFOUISSEMENT DES DÉCHETS NUCLÉAIRES
LA MAISON DES JEUNES DEVIENDRA LA MAISON DE RETRAITE...
VOUS AVEZ RAISON ILS NE VOTENT PAS LES JEUNES...
...AVEC CETTE ÉCONOMIE, CONSTRUCTION D'UN GRAND STADE...
...AVEC DESSOUS-DE-TABLE POUR "ACHETER" DES MATCHS...
L'ENLÈVEMENT DES ORDURES NE COÛTERA RIEN À LA COMMUNE...
...PAR CONTRAT, ELLES SERONT ENVOYÉES À NAPLES.

ET POUR L'ÉLECTION DE LA MISS MUNICIPALE... LA PROPORTIONNELLE :
UN PEU DE LA BLONDE...
...UN PEU DE LA BRUNE...

LES NOUVEAUX BEAUFS FONT UN BON GESTE POUR DÉMARRER L'ANNÉE

POUR LES ANCIENS DU FLNC CANAL HISTORIQUE...
2008
POUR LES VIEUX OAS DANS LE BESOIN...
2008
POUR LES ŒUVRES SOCIALES DU GIA...
2008
POUR LES COMMANDOS ANTI-IVG...
2008
POUR LES PETITS COMMERÇANTS DU CDCA
2008
EH BIEN MOI, JE VOUS PROPOSE UNE AFFAIRE...
2008
...UN MINI CALENDRIER POUR CEUX QUI NE PASSERONT PAS L'HIVER !

LES NOUVEAUX BEAUFS PRÉPARENT LES MUNICIPALES

VOILA : JE SUIS CANDIDAT AUX MUNICIPALES ET JE VOUDRAIS UN DISCOURS POUR UN QUARTIER RÉSIDENTIEL...
FACILE...
CENTRE
AVOIR FISCAL... BOUCLIER FISCAL... STOCKS-OPTIONS... PARACHUTE DORÉ...
...LE MARCHÉ... LA CONCURRENCE MONDIALE... LA RAISON D'ÉTAT...
DEUX !
IL FAUT PENSER AUSSI À L'ÉLECTORAT FÉMININ...
VOILA DEUX CAFÉS !
ET AUSSI UN PETIT DISCOURS POUR LE QUARTIER HLM...
FACILE...
...CAR, CHERS ÉLECTEURS, QUI SONT LES PREMIÈRES VICTIMES...
...DES GRÈVES, QUI SONT LES OTAGES DE CES PRIVILÉGIÉS ? CE SONT COMME TOUJOURS
LES PLUS MODESTES PARMI LES PLUS LABORIEUX !

Philippe Séguin, premier président de la Cour des comptes.

LES NOUVEAUX BEAUFS : REVENONS AUX FONDAMENTAUX

EN TEMPS DE CRISE, IL FAUT REVENIR AU SYSTÈME D, ET MARCHANDER...
3 PORTE-MANTEAUX ET UN MANCHE À BALAI... VOYEZ, ÇA FAIT UN BEAU SAPIN DE NOËL !
UN BEEFTECK COMME ÇA POUR 10 € !
NON COMME ÇA !
3 TROUS POUR 300 € !
NON UN !
UNE OMELETTE AVEC UN OEUF !
ET POUR VOYAGER PAS CHER
LOW COST
C'EST FATIGUANT, MAIS MOINS CHER
...ET MÊME SUR LE BILLARD : UN FOIE, DEUX REINS, TROIS RAISONS DE MARCHANDER...
500 C'EST MON DERNIER PRIX !
... LES DESSOUS DE TABLE...
MOI AUSSI, J'AI MARCHANDÉ : POUR LE BUDGET DE L'ÉLYSÉE, J'AI OBTENU 11,5% D'AUGMENTATION !
COUR DES COMPTES

LES NOUVEAUX BEAUFS : OÙ SONT LES ENNEMIS D'ANTAN ?

AH !.. LES BOCHES !
AH !.. LES SCHLEUS !
AH !.. LES FRIDOLINS !
AH !.. LES DORYPHORES !
AH !.. LES VIETS !
AH !.. LES FELLOUZES !
...C'ÉTAIT LE BON TEMPS !
AVANT, ON AVAIT DES ENNEMIS PRÉSENTABLES
BLIDA
KOLWEZI
ON AVAIT DES VALEURS COMMUNES ET Y Z'ÉTAIENT PAS DÉBRAILLÉS !
AUJOURD'HUI, COMME ENNEMIS ON N'A PLUS QUE... DES SOIXANTE-HUITARDS ATTARDÉS !
C'EST LA HONTE !

HOLLYWOOD VOTE DÉMOCRATE, LES NOUVEAUX BEAUFS VOTENT RÉPUBLICAIN

Élections présidentielles américaines, novembre 2008.

MOI, J'AIME LES FEUILLETONS AMÉRICAINS ALORS J'AI PEUR QU'AVEC OBAMA...
...LES FEUILLETONS SOIENT TROP DÉMOCRATES... HEU, JE VEUX DIRE TROP CUL-CUL CON-CON
KKK
ON NE PEUT PAS FAIRE DE BONS FEUILLETONS AVEC DE BONS SENTIMENTS... C'EST POUR ÇA QUE JE SUIS DU CÔTÉ DE McCAIN !

LES NOUVEAUX BEAUFS : L'OUVERTURE A DES LIMITES

Nathalie Kosciusko-Morizet, Jean-Louis Borloo, Fadela Amara, Christine Boutin, Rama Yade et Bernard Kouchner.

LES NANAS, VOUS LEUR DONNEZ ÇA, ELLES VEULENT ÇA...
...VOUS LES INSTALLEZ COMME POT DE FLEURS...
...DANS UN MINISTÈRE, ET ELLES VEULENT COMMANDER LE MINISTÈRE
...MAIS DANS MON ENTREPRISE, JE VOUS ANNONCE QUE LES POTS DE FLEURS RESTERONT POTS DE FLEURS !
...UNE QUESTION, LES FÉMINISTES ?

LES NOUVEAUX BEAUFS ONT PEUR DE PERDRE LEURS REPÈRES

JE SUIS TOUT TOURNEBOULÉ ...
UN NOIR À LA MAISON-BLANCHE...
UNE FEMME À LA TÊTE DU PS ?
ALLE LUIA
SARKOZY QUI EN APPELLE À L'ÉTAT
ET BIENTÔT LA TÉLÉ PUBLIQUE DÉBARRASSÉ DE LA PUB
ET POURQUOI PAS BIENTÔT DES SUPPORTERS DE L'OM ET DU PSG QUI S'EMBRASSERAIENT
ET POURQUOI PAS L'IRAN ET ISRAËL BRAS DESSUS BRAS DESSOUS...
NON ! JE TE RASSURE ; LE MONDE N'A PAS CHANGÉ : LE BUDGET DE L'ARMÉE FRANÇAISE VIENT D'AUGMENTER DE 10%
...ET MA PAYE DE 20% ! ALLEZ ! C'EST MA TOURNÉE !

"UN NOUVEAU PINAY", DISENT LES NOUVEAUX BEAUFS

J'AI EFFECTUÉ POUR VOUS UN MICRO-TROTTOIR AU HASARD ...
...APRÈS LA SORTIE DU "CANARD" ...
MONSIEUR SARKOZY IL SAIT COMPTER : FAUT L'ENVOYER À L'ÉLYSÉE !
BRAVO À MONSIEUR SARKO : IL A BIEN NÉGOCIÉ
NOUS AUSSI, ON MARCHANDE EN VACANCES À MARRAKECH !
DANS PATRIMOINE, IL Y A "PATRIE" ET IL Y A "MOINE"... JE SOUTIENS SARKOZY QUI A LES MÊMES VALEURS QUE MOI...
MONSIEUR SARKOZY COMBAT LA SPÉCULATION IMMOBILIÈRE !
POLICE MUNICIPALE
C'EST LUI QU'IL FAUT METTRE À LA TÉLÉ DANS "LE JUSTE PRIX" !
ET VOILÀ !
COMITÉ DE SOUTIEN DE NICOLAS SARKOZY
MERCI NEUILLY !

LES NOUVEAUX BEAUFS À LA RECHERCHE D'UN CONSENSUS

MALGRÉ TOUS VOS VOEUX ON SENT QUE VOUS N'AIMEZ GUÈRE CERTAINES CATÉGORIES DE FRANÇAIS...
VOUS N'AIMEZ GUÈRE LES MILITAIRES...
...FAITES UN GESTE : PROMETTEZ-LEUR UN PETIT CONFLIT DÉLOCALISÉ EN EUROPE À LA PLACE DE L'AFGHANISTAN... ILS POURRONT COUCHER CHEZ EUX PEINARDS CHAQUE SOIR
Petits Pois
VOUS N'AIMEZ GUÈRE LES JUGES QUE VOUS TRAITEZ DE PETITS POIS ...
VOUS N'AIMEZ GUÈRE LES PROFS ...
...VOUS LEUR PRÉFÉREZ LES CURÉS ...
MAIS ...VOUS AIMEZ LES CARTOMANCIENNES, LES VOYANTES, LES DISEUSES DE BONNE AVENTURE...
OUI, PARCE QU'ELLES M'ONT PRÉDIT LA FIN DU MONDE AU BOUT DE SIX MOIS DE PRÉSIDENCE DE FRANÇOIS HOLLANDE LE 21 DÉCEMBRE 2012 !

LES CONSEILLERS EN COM', DES NOUVEAUX BEAUFS QUI S'EXPORTENT...

PRENONS DE LA HAUTEUR...
...APRÈS AVOIR CONSEILLÉ L'ÉLYSÉE, MAINTENANT LA MAISON BLANCHE !
MONSIEUR LE PRÉSIDENT, JE PENSE À VOTRE AVENIR : QU'ALLEZ-VOUS FAIRE APRÈS ?
VOUS NE POURREZ PAS FAIRE DES CONFÉRENCES PARTOUT DANS LE MONDE COMME LES AUTRES !
OH PARDON !
... MAIS VOUS POURRIEZ DEVENIR UN VRAI PRÊCHEUR PROFESSIONNEL...
...OU DEVENIR UN NOUVEAU BUFFALO-BILL POUR RACONTER VOTRE CAPTURE DE BEN LADEN...
...OU VOUS RECYCLER AUX "2 ÂNES"
...OU BIEN REVENIR À VOS PREMIÈRES AMOURS... ET OUVRIR UNE FOIRE AUX VINS

George Bush Jr. cède le bureau ovale à Barack Obama le 20 janvier 2009.

LES NOUVEAUX BEAUFS : C'EST PAS NOUS, C'EST LES AUTRES !

AVEC LA FAMEUSE "RUPTURE" JE VOUS AI CONSEILLÉ DE GOUVERNER...
... EN CIBLANT DES BOUCS ÉMISSAIRES, ET SUCCESSIVEMENT, VOUS AVEZ DÉSIGNÉ...
LES SOIXANTE-HUITARDS...
LES DÉLINQUANTS SEXUELS...
LES CHIENS DANGEREUX...
LES JOURNALISTES SAUF CEUX SPÉCIALISÉS DANS LES CHIENS ÉCRASÉS...
LOI LOI LOI
LES SANS-PAPIERS, LES FONCTIONNAIRES, LES ÉNARQUES, LES DIRECTEURS DE LA BCE, LES ANCIENS PREMIERS MINISTRES...
... LES ANCIENS PRÉSIDENTS DE LA RÉPUBLIQUE... MAIS MAINTENANT, J'AVOUE QUE JE MANQUE D'IDÉES POUR D'AUTRES BOUCS ÉMISSAIRES...
AH ! QUAND ON PARLE DU LOUP...

LES NOUVEAUX BEAUFS ET LE CLIVAGE DROITE-GAUCHE

LE CONSOMMATEUR EST DE DROITE...
FABRIQUÉ EN CHINE PAS CHER !
NON À LA MONDIALISATION
... LE CITOYEN EST DE GAUCHE
LE GROS ACTIONNAIRE EST DE DROITE...
... LE PETIT ACTIONNAIRE EST DE GAUCHE.
LE MARI EST DE DROITE...
NON AUX SQUATTERS !
... L'AMANT EST DE GAUCHE
L'AUTOMOBILISTE EST DE DROITE...
... LE COVOITUREUR EST DE GAUCHE
LE COMPÉTITEUR EST DE DROITE
GAGNANT
LE LOTO SPORTIF EST DE GAUCHE
LE "HAPPY-SLAPING" EST DE DROITE
LE CARNAVAL EST DE GAUCHE
LA NATION EST DE DROITE LA RÉGION EST DE GAUCHE
Y A QUE MOI QUI NE SUIS NI DE DROITE NI DE GAUCHE !

LES NOUVEAUX BEAUFS : IL FAUT É-LI-MI-NER !

QUAND ÇA VA MAL, SARKOZY ME CONVOQUE POUR ÉCOUTER MES CONSEILS...
BRAVO, VOUS M'AVEZ BIEN ÉCOUTÉ : L'AN DERNIER, VOUS AVEZ SUPPRIMÉ LA PUB À LA TÉLÉ...
...CETTE ANNÉE LA TAXE PROFESSIONNELLE...
IL FAUT CONTINUER ! SUPPRIMEZ LE PREMIER MINISTRE ET LE GOUVERNEMENT...
MON PAUVRE AMI !... IL Y A LONGTEMPS QUE JE L'AI FAIT !
ET BIENTÔT LE PARLEMENT, SUPPRIMÉ POUR UNE ASSOCIATION LOI 1901 SANS BUT LUCRATIF...
DE TOUTE FAÇON, IL Y A LONGTEMPS QUE JE N'ÉCOUTE PLUS PERSONNE...
LA VACHE ! IL SUPPRIME MÊME SON CONSEILLER EN COM' !

LES NOUVEAUX BEAUFS : LES ÉTATS D'ÂME DE SARKOZY SONT CONTAGIEUX

Affaire des implants mammaires PIP, de mars 2010 à novembre 2013.

J'AI DES DOUTES... J'AI DES DOUTES... C'EST PAS BON POUR MA SEXUALITÉ...
C'EST PAS BON POUR MES TROUPES...
C'EST PAS BON QUAND ON EST GUIDE...
LE DOUTE, CHEZ MOI, C'EST DE FAMILLE DU CÔTÉ DE MA VIEILLE TANTE
...ELLE DOUTE MÊME DE L'EXISTENCE DE DIEU !
FAUT JAMAIS FAIRE PART DE SES DOUTES. VOYEZ : J'AI DEMANDÉ À MA NANA...
«EST-CE QUE C'EST VRAI CE QUE DISENT LES COPAINS... QUE TU AURAIS DES IMPLANTS PIP»

LES NOUVEAUX BEAUFS ET LE PATRIOTISME ÉCONOMIQUE

POURQUOI ALLER CHERCHER AILLEURS LA PRÉCARITÉ QUE VOUS TROUVEREZ CHEZ NOUS ?
VOUS VOULEZ ENTREPRENDRE ? AVEC SARKOZY PRÉSIDENT, VOUS AUREZ MOINS DE CHARGES, MOINS DE PROTECTION SOCIALE...
ET LES NANAS DE CHEZ NOUS, HEIN ? Y A PAS PHOTO...
MAIS MONSIEUR L'AGENT JE SUIS ENVOYÉ PAR SARKOZY POUR FAIRE REVENIR LES FRANÇAIS DE LONDRES...
MAINTENANT, ENTRE NOUS, POUR LES AVANTAGES FISCAUX...
...LAISSEZ QUAND MÊME VOTRE ARGENT EN SUISSE !

LES NOUVEAUX BEAUFS ET LE THÈME DE L'INSÉCURITÉ

C'EST TOUJOURS BON DE JOUER SUR LES PEURS...
...MÊME SI LA PEUR DU DIABLE A DISPARU AVEC BOUTIN...
...MÊME SI LA PEUR DU LOUP A DISPARU AVEC NIHOUS...
...IL RESTE LA PEUR DU TERRORISME ET DE LA GUERRE AVEC LONGUET...
...ET SURTOUT LA PEUR DE L'ÉTRANGER... DE L'IMMIGRÉ...
TOUT CE QUI VOUS FAIT PEUR ME FAIT MOINS PEUR QUE CE QUE JE CRAINS MOI...
...LES CENTRALES NUCLÉAIRES LE RÉCHAUFFEMENT CLIMATIQUE LA DÉMOGRAPHIE GALOPANTE... LÀ, OUI, J'AI LES CHOCOTTES!

LES NOUVEAUX BEAUFS SE PENCHENT SUR LES PETITS ET LES SANS-GRADE

JE VAIS AU-DEVANT DES ÉLECTEURS DU FRONT NATIONAL EN TANT QUE "CELLULE DE SOUTIEN PSYCHOLOGIQUE"...
OH! MOI, JE VOTE COMME MA FEMME!
C'EST UN VOTE DE COLÈRE OU UN VOTE DE SOUFFRANCE?
HEU, NON PAS TROP
C'EST PARCE QUE LE PSG N'EST PLUS FRANÇAIS?
C'EST PAR BÊTISE OU PAR MÉCHANCETÉ?
EUH
C'EST UN VOTE DE NOSTALGIE PAR PEUR DE LA PERTE DE VOS REPÈRES?
AH OUI! JE REGRETTE LES AUTOBUS À PLATEFORME!
CHERCHEZ PAS: C'EST PARCE QUE Y A TROP DE MOHAMMED!
LE VOTE FN C'EST COMME SI JE DISAIS: JE SUIS COCU...
...ET MALHEUREUX, ET POUR ME CONSOLER, JE VOTE POUR QUE TOUT LE MONDE SOIT COCU ET MALHEUREUX!
NON
NON
TIENS! CELLULE DE...
COCU ET BATTU!
...SOUTIEN PSYCHOLOGIQUE!

LES NOUVEAUX BEAUFS : NE SIGNEZ JAMAIS DE PACTE !

Le « pacte de Marrakech » entre Martine Aubry et Dominique Strauss-Kahn, conclu en septembre 2011 en prévision des présidentielles.

NON AGRESSION
UN PACTE ÇA NE DURE JAMAIS BIEN LONGTEMPS...
...RAPPELEZ-VOUS LE PACTE ÉCOLO DE NICOLAS HULOT...
...ILS L'ONT TOUS SIGNÉ ET AUSSI VITE OUBLIÉ
AUTRES EXEMPLES:
1941
LE PACTE GERMANO-SOVIÉTIQUE
EN 1928 LE PACTE DE RENONCIATION À LA GUERRE
LE PACTE (RATÉ) BRIAND-KELLOGG
IL FAUT ÊTRE FOU POUR SIGNER UN PACTE AVEC LE DIABLE!
JE N'ÉTAIS QUE VOTRE PORTE-PAROLE
RESPECT DU PACTE, SINON J'AI DES DOSSIERS!
LE PACTE DE MARRAKECH, C'ÉTAIT DSK À L'ÉLYSÉE ET MARTINE DANS LE RIAD DE MARRAKECH...
...RATÉ!

LES NOUVEAUX BEAUFS SE METTENT À ÉCRIRE, EUX AUSSI !

Sortie du second tome des *Mémoires* de Jacques Chirac en 2011.

MOI AUSSI, J'AI RIEN FOUTU... MOI AUSSI JE N'AI PAS DE CONVICTIONS...
MOI AUSSI J'AI SQUATTÉ
MOI AUSSI JE SUIS UN PIQUE-ASSIETTE QUI VIT AUX CROCHETS DE LA SOCIÉTÉ...
MOI AUSSI : CINQ MINUTES DOUCHE COMPRISE...
MOI AUSSI J'AI TRAHIS QUELQUES COPAINS...
LES MÉMOIRES DE JACQUES CHIRAC
MÉMOIRES D'UN BEAUF
...ALORS POURQUOI LUI A DU SUCCÈS... ET PAS MOI ?

LES NOUVEAUX BEAUFS... EN DÉSESPOIR DE CAUSE

J'AI TOUT ESSAYÉ POUR ARRÊTER DE FUMER...
J'AI TOUT ESSAYÉ POUR ARRÊTER DE BOIRE...
J'AI TOUT ESSAYÉ POUR RETENIR MA NANA...
J'AI TOUT ESSAYÉ POUR ME DÉBARRASSER DE MA FEMME...
J'AI TOUT ESSAYÉ POUR FAIRE EXPULSER UN VOISIN SANS PAPIERS...
...MOI J'AI RÉUSSI !... GARÇON ! REMETTEZ-NOUS ÇA !
J'AI TOUT ESSAYÉ POUR M'INSCRIRE À "L'AMOUR EST DANS LE PRÉ"...
MOI AUSSI... MAIS JE ME SUIS RETROUVÉ À "KOH-LANTA" !...
J'AI TOUT ESSAYÉ POUR RACHETER DES POINTS SUR MON PERMIS...
ALLO ? BELLE-MAMAN ?
J'AI TOUT ESSAYÉ POUR NE PAS PAYER MES AMENDES...
ALLO ? DIEUDONNÉ
VOUS AVEZ TOUT ESSAYÉ ?... ESSAYEZ LE FRONT NATIONAL ! JE VOUS FERAI PASSER LE GOÛT DU TABAC...
...ET DE BIEN D'AUTRES PETITES CHOSES...

LE VOTE PROTESTATAIRE DES NOUVEAUX BEAUFS

MA SECRÉTAIRE ME FUIT...
MA FEMME ME QUITTE...
JE PRENDS MA CARTE AU FN !
MON VOISIN A GAGNÉ AU LOTO !...
JE PRENDS MA CARTE AU FN !
MON AUTRE VOISIN PREND DES COURS DE CLAQUETTES...
JE PRENDS MA CARTE AU FN !
MA MÈRE S'EST FAITE ARNAQUER PAR UNE VOYANTE...
VOUS AUREZ DES JUMEAUX !
JE PRENDS MA CARTE AU FN !
...ET C'EST MA FILLE QUI EST EN CLOQUE !...
JE PRENDS MA CARTE AU FN !
...ET MON PÈRE !
JE TE DÉSHÉRITE !
JE PRENDS MA CARTE AU FN !
ÇA Y EST ! JE SUIS AU FN ! Y A QU'ELLE QUI DÉFEND LE PEUPLE, COMME ELLE DIT...
...ET JE SALUE LA MATURITÉ POLITIQUE DU PEUPLE DE FRANCE !

LES NOUVEAUX BEAUFS REVANCHARDS

J'AI TOUT ESSAYÉ...
AH! MOI AUSSI J'AI TOUT ESSAYÉ!
MOI, J'AI DESHÉRITÉ MON NEVEU...
... UN INSPECTEUR DE LA "GESTIMPÔTS" QUI ME SAIGNE AUX QUATRE VEINES
MOI J'AI BOYCOTTÉ MON BEAU-FRÈRE QUI PROFITE DE SA RETRAITE...
... DEPUIS 40 ANS
MOI, J'AI MAUDIT MON VOISIN ASSISTÉ...
...C'EST MOI QUI PAYE!
MOI J'AI HAÏS L'ONCLE DE MA FEMME, UN VIEUX FONCTIONNAIRE...
AH! L'ADJUDANT KRONENBOURG
AH NON! AVEC L'ADJUDANT KRONENBOURG AU MOINS ÇA AURAIT CHANGÉ...
VOUS AVEZ TOUT ESSAYÉ ET RIEN N'A CHANGÉ!... SORTEZ DE VOTRE CADRE ÉTRIQUÉ ESSAYEZ LE FN : JE VOUS APPORTE LE BOUC ÉMISSAIRE UNIVERSEL...
FN
...QUI REMPLACE TOUT : L'IMMIGRÉ!

LES NOUVEAUX BEAUFS DIR' COM' DU CANDIDAT SARKOZY

Campagne présidentielle 2012.

HOLLANDE VOLE LE TRAVAIL DES OUVRIERS DU NUCLÉAIRE EN VOULANT FERMER FESSENHEIM!
...IL FAUT CONTINUER DANS CETTE VOIE!
IL FAUT RAPPELER QUE LES SOCIALISTES SONT RESPONSABLES DU DÉCLIN...
...D'AVOIR SABOTÉ L'INDUSTRIE FRANÇAISE DE L'IMPLANT MAMMAIRE...
ACCUSEZ-LES D'AVOIR FERMÉ LA MANUFACTURE D'ARMES ET CYCLES DE ST ÉTIENNE...
...D'AVOIR DÉLOCALISÉ LE THERMOLACTYL DAMART...
...D'AVOIR ABANDONNÉ L'IMPREMERIE FRANÇAISE DES CALENDRIERS DE LA MÉTHODE OGINO
OGINO
...ET D'AVOIR COULÉ LA CAMIF À FORCE DE COMMANDER LEURS CHEMISES-CRAVATES DE PROFS ...AUX TROIS SUISSES!

LES NOUVEAUX BEAUFS SE SOUVIENNENT DE LEUR ENFANCE

ON LES A TOUS CONNUS AU LYCÉE...
L'ARABE, IL M'A TIRÉ LES NATTES!
MARINE LE PEN
LA PETITE GROSSE BLONDE QUI DÉNONCE LES AUTRES
LE REDRESSEUR DE TORTS QUI RÉCITE DU VICTOR HUGO...
MÉLENCHON
LE POUTOU QUI COPIE SUR SA VOISINE NATHALIE ARTHAUD
...ET RÉCIPROQUEMENT
CELLE QUI AVALE DE L'HUILE DE FOIE DE MORUE POUR SON "QUATRE HEURES"
BAYROU
CELUI QUI VEUT TOUJOURS SE METTRE AU CENTRE DES BAGARRES...
HOLLANDE
...ET LA BAGARRE FINALE POUR LE POSTE DE DÉLÉGUÉ DE CLASSE

LES NOUVEAUX BEAUFS : RAPPROCHEMENTS DE PRINTEMPS ET REGROUPEMENTS DE 2e TOUR

Législatives des 3 et 17 juin 2012.

ARRÊTEZ DE ME SUIVRE !

LA COHABITATION, CE N'EST PAS GAGNÉ POUR LES NOUVEAUX CANDIDATS

VOTRE CANDIDAT
MOI
J'OFFRE UN BILLET DE LOTO À QUI VOTERA POUR MOI !
MOI, J'OFFRE UNE PAIRE D'IMPLANTS PIP À QUI VOTERA POUR MOI !
MOI, J'OFFRE DES VOYAGES À LOURDES !
BOF ! ON Y VA TOUS LES ANS !
MOI, J'OFFRE DES INDULGENCES PLEINIÈRES !
AH OUI ! ÇA, ON EN AURA BESOIN !
FACULTÉ
J'OFFRE DES PLACES GRATUITES POUR LE SHOW DE JOHNNY !
UN RINGARD !
UN VIEILLARD !
UN NASE !
ÇA MARCHE PAS FORT ! QUEL BOULOT DE RASSEMBLER TOUS LES ÉLECTEURS DE DROITE...
...ALORS QUE CHEZ NOUS...
...IL SUFFIT DE LEUR FAIRE CADEAU D'UN BOUC ÉMISSAIRE !
FN

LES NOUVEAUX BEAUFS : QUEL EST CELUI QUI NOUS REPRÉSENTERA LE MIEUX ?

LA FRANCE !
ON DIRAIT TON PÈRE !
ÉGALITÉ
JUSTICE !
ON DIRAIT TA MÈRE !
LES SANS-GRADE
ON DIRAIT TON COUSIN L'ADJUDANT KRONEMBOURG !
JESUS MARIE JOSEPH
ON DIRAIT TA TANTE LA BONNE SOEUR
RESISTANCE !
ON DIRAIT TON ONCLE !
LE COLLABO ?
NON ! L'AUTRE !
COMMENT JE PEUX ME CONSTRUIRE MOI, AVEC UNE TELLE FAMILLE ?

LES NOUVEAUX BEAUFS ET LE DROIT D'ASILE

« APRÈS SON ÉCHEC À LA ROCHELLE, SÉGOLÈNE A SONGÉ À FAIRE UNE RETRAITE DANS UN MONASTÈRE... »
OÙ RECASER SÉGOLÈNE ?
MOI AUSSI, PENDANT LES VACANCES, J'AI VOULU FAIRE UNE RETRAITE DANS UN MONASTÈRE ...
JE REGRETTE, MONSIEUR, NOTRE MONASTÈRE EST COMPLET !
AH OUI ! VOUS PRÉFÉREZ ACCUEILLIR PLUTÔT MADAME DUTROUX !
PAS DU TOUT ! VENEZ VOIR SI VOUS NE ME CROYEZ PAS !
ON EST COMPLET DEPUIS LA DERNIÈRE GUERRE !
cabu

LES NOUVEAUX BEAUFS VEULENT AIDER LA DROITE

MAINTENANT QUE VOUS ÊTES DANS L'OPPOSITION, VOUS DÉFENDEZ "LES PAUVRES", MAIS VOTRE VOCABULAIRE EST PAUVRE JUSTEMENT... JE PEUX VOUS AIDER ...
C'EST VRAI QUE J'AI DU MAL À TROUVER UN SYNONYME À "TRAINE-PATINS"
MOI, JE RÉPÈTE TROP SOUVENT : "LES PLUS DÉMUNIS" ...
...ET MOI "LES MOINS FAVORISÉS" C'EST LASSANT ...
ALORS VOICI UN PETIT PENSE-BÊTE POUR LA DROITE :
– ceux qui restent au bord du chemin
– les nécessiteux
– les laissés pour compte
– les plus à plaindre
– les loqueteux
– les gagne-petit
– les jamais contents
– les camion-balai
– les feignants
– les assistés
– les escrocs à la Sécu
ASSEZ DE CIRCONVOLUTIONS ! ASSEZ DE LANGUE DE BOIS ! IL SUFFIT DE DIRE : IMMIGRÉS... DÉLINQUANTS !

LES NOUVEAUX BEAUFS N'OUBLIENT PAS LES PERDANTS

Claude Guéant, Nadine Morano, Frédéric Lefebvre, Henri Guaino, Claude Allègre, Michèle Alliot-Marie, Patrick Ollier et Jean-François Copé.

RECLASSEMENT DES TÉNORS DE LA DROITE
JE VOUS PROPOSE UNE PLACE DE VIGILE DE SUPERMARCHÉ ...OU BIEN DE GARDIEN DE SQUARE...
AH! J'HÉSITE...
INTERDIT AUX ROMS
VOUS AVEZ ESSAYÉ DE REMPLACER VOTRE MARIONNETTE AUX GUIGNOLS DE L'INFO ?
ESSAYEZ LES MAGASINS "ZADIG ET VOLTAIRE"
JE SAIS ÉCRIRE DES DISCOURS DE GAUCHE POUR DES POLITICIENS DE DROITE
EH BIEN, MAINTENANT, MONSIEUR GUAINO... FAITES LE CONTRAIRE
ON NE M'OFFRE QUE DES PLACES D'INSTALLATEUR POUR L'AIR CONDITIONNÉ...
...ALORS QUE LE RÉCHAUFFEMENT CLIMATIQUE N'EXISTE PAS !
ET SI VOUS...
...FAISIEZ DE LA PUB ?
MAMMUT
AH! VOUS... DÉSOLÉ, JE NE PEUX RIEN POUR VOUS : QUELQU'UN QUI A PERDU TOUTES LES ÉLECTIONS DEPUIS 5 ANS EST INCASABLE !
C.V

LES NOUVEAUX BEAUFS COMMUNICANTS À L'ÉLYSÉE

En juin 2012, tweet de Valérie Trierweiler apportant son soutien à Olivier Falorni, adversaire de Ségolène Royal.

MONSIEUR LE PRÉSIDENT, VOUS AVEZ DE LA CHANCE...
...MAIS CETTE CHANCE, IL FAUT L'ENTRETENIR, LA FORTIFIER, LA COACHER GRÂCE À DES TESTS DE COMPÉTITIVITÉ PERSONNELLE QUE JE PEUX VOUS CONSEILLER...
D'ABORD ÉVITEZ DE CROISER DES CHATS NOIRS...
...NON, PAS DES CHANOINES ...DES CHATS NOIRS !
SI VOUS ÊTES CAPABLE D'ENJAMBER DES CARREAUX SANS MARCHER SUR LES JOINTS...
...CELA VOUDRA DIRE QUE VOUS POURREZ INVERSER LA COURBE DU CHÔMAGE...
SI VOUS POUVEZ GRIMPER AU RIDEAU EN TROIS TRACTIONS SEULEMENT
...CELA VOUDRA DIRE QUE VOUS SEREZ CAPABLE ÉGALEMENT DE RÉDUIRE LA DETTE DE LA FRANCE...
SI LA MOUCHE VIENT SE POSER SUR VOTRE PAPIER CELA VOUDRA DIRE QUE VOUS SAUVEREZ LE POUVOIR D'ACHAT DES FRANÇAIS...
SI LA TARTINE DE CONFITURE TOMBE TOUJOURS DU BON CÔTÉ, C'EST BON POUR VOTRE COUPLE...
FRANÇOIS ! TU PENSES À MOI ?
AH ! DANS CE CAS-LÀ, UNE SEULE SOLUTION : VOUS NOMMEZ SÉGOLÈNE AMBASSADRICE À BAMAKO !

LES NOUVEAUX BEAUFS ET LES ÉLECTIONS AMÉRICAINES

Mitt Romney, candidat républicain aux élections présidentielles de novembre 2012, face à Barack Obama.

MITT ROMNEY ! VOUS QUI AVEZ PASSÉ 2 ANS EN FRANCE, EN 68, COMME PRÊCHEUR MORMON ACCEPTEZ QU'UN COMMUNICANT FRANÇAIS VOUS DONNE QUELQUES CONSEILS POUR VOTRE DERNIER DÉBAT AVEC OBAMA...
NO ! NO ! MY BROTHER IN LAW ! FRANCE = COMMUNIST FOR MY ÉLECTEURS !
VOUS POURRIEZ DIRE À OBAMA CE QUE GISCARD AVAIT LANCÉ À MITTERRAND : « VOUS N'AVEZ PAS LE MONOPOLE DU COEUR. »
...OU CE QUE MITTERRAND AVAIT BALANCÉ À CHIRAC : « VOUS N'ÊTES PAS MON PROFESSEUR ET JE NE SUIS PAS VOTRE ÉLÈVE. »
NO ! NO !
ET ET POURQUOI PAS AUSSI DSK !! VOYEZ L'AMALGAME : « DSK EST POLYGAME DONC MORMON, ROMNEY EST MORMON DONC POLYGAME »
cabu

LES NOUVEAUX BEAUFS CONSEILLENT MANUEL VALLS

Le 5 octobre 2012, charge de Manuel Valls, ministre de l'Intérieur, contre les flics ripoux, à la suite d'une accusation à l'encontre de la BAC de Marseille.

« CES POLICIERS RIPOUX QUI SALISSENT L'UNIFORME DE LA POLICE. » (Manuel Valls)
POLICE
HASCH
COKE
« CES SALAFISTES QUI SALISSENT LA RELIGION MUSULMANE. » (Manuel Valls)
CROISADE ALLAH AKBAR
CORAN
VOUS POURRIEZ DIRE AUSSI : CES NATIONALISTES CORSES QUI SALISSENT LA CORSE...
...ET AUSSI : CES SPORTIFS DOPÉS QUI SALISSENT L'IMAGE DU SPORT...
...ET ENCORE CES INTERNAUTES QUI PRATIQUENT LA DÉLATION ET QUI SALISSENT LA TOILE...
...ET MÊME TOUS CES FRANÇAIS QUI SALISSENT LA FRANCE !
SONDAGE "1 FRANÇAIS SUR 5 NE PREND PAS DE DOUCHE TOUS LES JOURS"
C'EST LA FAUTE À LA CRISE DU LOGEMENT !
DOUCHE
DÉBARRAS
cabu

LES NOUVEAUX BEAUFS PRÉPARENT DÉJÀ LE REMANIEMENT

POUR CONSERVER VOTRE MINISTÈRE, IL VOUS FAUDRA FAYOTER HOLLANDE ...
Offrir une cravate jamais de travers ? ... la solution avec un fil à plomb incorporé
...HOLLANDE A DIT QU'AUCUN MINISTRE NE SERAIT PROTÉGÉ ...
un petit cadeau qui plairait à Hollande : des lunettes avec essuie-glace
COMME IL AIME LE FOOT, J'AVAIS PENSÉ LUI OFFRIR UN MAILLOT PRESTIGIEUX
IBRAHIMOVIC 10
JE CRAINS POUR VOUS QUE ÇA NE SOIT PAS SUFFISANT
...MOI, JE VIENS D'APPELER HOLLANDE POUR LUI CONSEILLER DE PRENDRE ALEX FERGUSON POUR REMPLACER LE COACH JEAN-MARC AYRAULT ET MÊME JACQUET À LA COM'

LES NOUVEAUX BEAUFS DANS LES COULISSES DES VŒUX PRÉSIDENTIELS

CONSEILLER EN COMMUNICATION
SI, MONSIEUR LE PRÉSIDENT...
...VOUS DEVEZ GARDER VOTRE AMBIGUÏTÉ COMME VOTRE COACH MITTERRAND...
MOINS D'IMPÔTS MAIS DAVANTAGE DE TAXES...
MOINS D'ARMÉE MAIS DAVANTAGE D'OPÉRATIONS EXTÉRIEURES...
MOINS DE FONCTIONNAIRES MAIS DAVANTAGE D'EMPLOIS AIDÉS...
F.O
MOINS DE PERMANENTS SYNDICAUX MAIS DAVANTAGE DE CONCERTATION SYNDICATS-PATRONAT...
MOINS D'ATTAQUES CONTRE LA FINANCE, MAIS DAVANTAGE D'ACTIONNAIRES POUR LES ENTREPRISES...
MOINS D'ABUS ET D'EXCÈS CONTRE LE CAPITALISME, MAIS PLUS D'ABUS ET D'EXCÈS DÉNONCÉS CONTRE LA SÉCU...
GLOUP!
J'ESPÈRE QUE VOUS N'OUBLIEREZ RIEN DE TOUT ÇA POUR VOS BONS VŒUX AUX FRANÇAIS...
...ET LA PARITÉ, C'EST POUR LES CHIENS ?

LES NOUVEAUX BEAUFS DÉCOUVRENT LE SERVICE PUBLIC

J'AI TOUT RATÉ DANS MA VIE... J'AI VOTÉ SARKOZY...
NON
TOUS ENSE
J'AI CONFIÉ TOUTES MES ÉCONOMIES À MADOFF...
MON COACH, MON PSY ET MON SEXOLOGUE SONT TOUS DES ESCROCS...
MON CHIEN EST MISANTHROPE
MON FILS EST SATANISTE...
ET MA FEMME SATANIQUE
MORAL À ZÉRO...
...MAIS POUR UNE FOIS, J'AI APPROUVÉ LA GRÈVE DE CERTAINS FONCTIONNAIRES...
OUS ENS
...J'AI VOULU PASSER SOUS UN TRAIN, MAIS HEUREUSEMENT, C'ÉTAIT JOUR DE GRÈVE...

LE VAUDEVILLE COPÉ-FILLON DÉTEINT SUR LES NOUVEAUX BEAUFS

CONSEIL EN COMMUNICATION
VOILÀ : JE SUIS CANDIDAT À LA PRÉSIDENCE DU "OTARIE-CLUB" ! J'AI CONTRE MOI UN AUTRE CANDIDAT DÉMAGO PRÊT À BOURRER LES URNES...
FAITES DE LA SURENCHÈRE !
MES CHERS AMIS, JE VOUS OFFRE UNE CROISIÈRE AVEC UNE VEDETTE DE LA TÉLÉ !
C'EST PAS ASSEZ ! PROMETTEZ-LEUR DES SOIRÉES BUNGA-BUNGA !
MES AMIS, MOI JE VOUS OFFRE UN SÉJOUR AUX
...SPORTS D'HIVER AVEC UN FOOTBALLEUR CÉLÈBRE...
MOI, JE VOUS OFFRE VOTRE POIDS EN FOIE GRAS...
MOI, JE VOUS OFFRE DES INVITATIONS À DES CLUBS ÉCHANGISTES...
QUELQUES JOURS PLUS TARD...
INTOXICATION ALIMENTAIRE
JAMBE CASSÉE ET FRACTURES
MALADIE HONTEUSE
ON N'A PAS ENCORE VOTÉ MAIS Y A DÉJÀ UNE SCISSION À L'HÔPITAL !
Cabu

LES NOUVEAUX BEAUFS ET L'ACCÉLÉRATION DU TEMPS

avant
ON METTAIT 20 ANS POUR DEVENIR CHANTEUR...
avant
DES MUSCLES EN 3 SEMAINES
avant
IL FALLAIT 9 MOIS POUR FAIRE UN BÉBÉ
avant
2 ANS DE FIANÇAILLES
AVANT LE MARIAGE...
ON METTAIT TOUTE UNE VIE POUR RENCONTRER DIEU...
avant
RÉSULTAT DE TOUT ÇA: QUAND ÇA VA TROP VITE PERSONNE N'EST CONTENT...
maintenant
...ON DEVIENT STAR EN UNE SEULE ÉMISSION
maintenant
DOPING
UN RECORD EN 3 SECONDES
maintenant
CERTAINS SONT FAITS SEULEMENT EN 3 MOIS ...MAIS ÇA SE VOIT
MARINE
maintenant
...DIVORCE AU BOUT DE 3 MOIS
maintenant
...UN GOUROU PEUT VOUS CONVERTIR EN 10 SECONDES
SOYEZ PATIENTS POUR CE QUE JE VOUS AI FAIT COMME PROMESSES: RENDEZ-VOUS DANS 4 ANS

UN PROGRAMME POUR LA DROITE, PROPOSÉ PAR LES NOUVEAUX BEAUFS

COACH POLITIQUE
POUR AFFRONTER UN CANDIDAT DE GAUCHE, IL VOUS FAUT METTRE EN AVANT SYSTÉMATIQUEMENT LA DÉFENSE DES PAUVRES...
TOUS LES PAUVRES ESPÈRENT UN JOUR GAGNER DES MILLIONS AU LOTO... IL VOUS FAUT DONC GUEULER CONTRE LE MATRAQUAGE FISCAL DES 75%...
...ET AUSSI CONTRE LA TAXATION DES ÉCURIES DE COURSE... VOUS DIREZ AUX PAUVRES: "SINON VOTRE TICKET DE PMU AUGMENTERA!"
ÉTAT
TOUS LES PAUVRES RÊVENT DE COCOTIERS ET DE VAHINÉES IL FAUT DONC LEUR PROMETTRE DE MAINTENIR LES PARADIS FISCAUX...
TU MONTES CHÉRI?
TOUS LES PAUVRES RÊVENT D'ASCENSEUR SOCIAL. IL FAUT DONC LES LAISSER ESPÉRER DES CALL-GIRLS PLUTÔT QUE DES PUTES D'ABATTAGE
TRÈS IMPORTANT: PROTESTER CONTRE LA TAXATION ÉVENTUELLE DU DIESEL... IL FAUT DÉFENDRE LES PAUVRES, SURTOUT QUAND ÇA NOUS ARRANGE...
LES PAUVRES SONT CONTRE LE MARIAGE GAY: ILS SENTENT BIEN QUE C'EST DISCRIMINANT POUR EUX, ILS SAVENT TRÈS BIEN...
JUST MARRIED
...QU'ILS NE POURRONT JAMAIS SE PAYER LA CAGE AUX FOLLES!

LES NOUVEAUX BEAUFS : NE JOUONS PAS À "PLUS FRANÇAIS QUE MOI TU MEURS"

En juin 2013, un manifestant anti FN, Clément Méric, est tué au cours d'une bagarre avec des extrémistes proches de Troisième Voie, le mouvement de Serge Ayoub.

CONSEILLER EN GÉNÉALOGIE
JE SUIS LE LEADER DES "JEUNESSES NATIONALISTES RÉVOLUTIONNAIRES", UNE ORGANISATION QUI DÉFEND LES VRAIS PATRIOTES CONTRE L'INVASION ÉTRANGÈRE...
...ET JE VOUDRAIS SAVOIR SI CE JEUNE MILITANT QUI SE DISAIT ANTIFASCISTE, VICTIME D'UN MALHEUREUX FAIT-DIVERS, ÉTAIT D'UNE FAMILLE VRAIMENT FRANÇAISE
OUI... BRETON DEPUIS DES GÉNÉRATIONS
...ET LA FAMILLE DE CE JEUNE SOI-DISANT PRÉSUMÉ COUPABLE?
ESPAGNOLE
CHEF! MOI, J'AVAIS UN GRAND PÈRE CROIX DE FEU QUI A ESTOURBI UN RÉFUGIÉ ESPAGNOL EN 1937...
EH BIEN, ON N'EN A PAS FAIT TOUT UN FROMAGE!
HEU... MONSIEUR AYOUB, JE PEUX PEUT-ÊTRE VOUS TROUVER DES ANCÊTRES AUVERGNATS... OU BRETONS!

COMMENT TROUVER 11 MILLIONS POUR SAUVER L'UMP ...MOI, JE SAIS...

LES NOUVEAUX BEAUFS AU CHEVET DE L'UMP

ON COMPTE SUR LE MARCHAND D'ARMES AVEC SA PISCINE ?
Y A PLEIN DE PIÈCES AU FOND
LES DAMES PIPI ?
MERCI
TAPIE ?
ON COMPTE SUR LES MILITANTS ?
ON VA SE SAIGNER AUX QUATRE VEINES POUR COPE...
LOYER
ALIM
NON ! ON EMPRUNTE
... ET POUR REMBOURSER...
JERSEY
PARIS
LUXEMBOURG
LIECHTEN-STEIN
GENÈVE
ANDORRE
MONACO
MARSEILLE (?)
SAN-MARIN
...ON FAIT PASSER LE PROCHAIN TOUR DE FRANCE PAR TOUS LES PARADIS FISCAUX !

LES NOUVEAUX BEAUFS REVIENNENT AUX FONDAMENTAUX

BERLUSCONI RESTE POUR MOI UN MODÈLE...
BERLUSCONI SERA-T-IL JUGÉ ?
BERLUSCONI, IL A FAIT DES AFFAIRES COMME LA MAIRIE DE PARIS DU TEMPS DE CHIRAC A FAIT DES AFFAIRES...
BERLUSCONI A MIS LA JUSTICE ET LES MÉDIAS À SA BOTTE, OUI, MAIS COMME SARKOZY...
BERLUSCONI, IL S'EST TAPÉ DES PRINCESSES... COMME GISCARD !...
QUANT AUX GAMINES, MOI AUSSI J'AI ABUSÉ DES PRÉ-PUBÈRES... J'AI PERDU MES REPÈRES...
...AVEC LEUR MODE DE SE RASER LA FOUFOUNE, MONSIEUR LE PRÉSIDENT, ON NE SAIT PLUS SI ON A À FAIRE À DES MAJEURES OU À DES MINEURES...

LES NOUVEAUX BEAUFS CONTRE L'ENLISEMENT

Intervention française au Mali, septembre 2013.

EXCUSEZ-MOI DE VOUS DÉRANGER...
OPÉRATION DE MAINTIEN DE L'ORDRE ?
IL FAUT ÉVITER DE PARLER DE "GUERRE"... DITES PLUTÔT : UNE OFFENSIVE CONTRE LE TERRORISME
JE PENSE JUSTEMENT À LA COM'...
...JETEZ UN ŒIL SUR CES **DVD** : "LA LÉGION SAUTE SUR KOLWEZI" "UN TAXI POUR TOBROUK" "LES 12 SALOPARDS" "RAMBO 1-2-3"... "CŒUR DE PALMIER" "MAIS OÙ EST DONC PASSÉ LA 7e COMPAGNIE"...
...IL N'Y A PAS LE MOT "GUERRE" DANS LES TITRES...
QU'IMPORTE LE VOCABULAIRE !... TU VAS ME RÉGLER ÇA VITE FAIT !
JE COMMENCE À EN AVOIR MARRE...
...DE TES COPAINS DE RÉGIMENT !

LES NOUVEAUX BEAUFS : ASSEZ D'HYPOCRISIE POUR LES VŒUX

ALLÔ... JE PRÉPARE MES VŒUX POUR MES ADMINISTRÉS ET J'AURAIS BESOIN DE QUALIFICATIFS POUR DÉSIGNER LES VICTIMES DE LA CRISE...
ET FAIRE ÉTALAGE DE MA COMPASSION...
J'ARRIVE !
Ô VOUS LES PLUS MISÉREUX ? LES PLUS MALCHANCEUX ? LES PLUS NÉCESSITEUX ?
LES PLUS MALHEUREUX DOULOUREUX MISÉRICORDIEUX...
HAUT
BAS
PLOUF
ET PUIS NON ! LES PLUS MITEUX, FURONCULEUX, CATARRHEUX, LES PLUS CRASSEUX, GOÎTREUX LOQUETEUX, GANGRENEUX, LES PLUS PARESSEUX TANT MIEUX !

LES NOUVEAUX BEAUFS VEULENT TOUT MONTRER

Élections municipales de mars 2014.

VOUS QUI ÊTES CANDIDAT AUX MUNICIPALES, COMME CONSEIL, JE VOUS DIRAI : TRANSPARENCE, TRANSPARENCE...
...MONTREZ À VOS FUTURS ÉLECTEURS L'ENSEMBLE DE VOTRE PATRIMOINE...
JOURNÉE PORTES OUVERTES
ARRÊTEZ TOUT ! LES DÉPUTÉS FONT MACHINE ARRIÈRE SUR LA TRANSPARENCE...
...IL FAUT PLANQUER LE COFFRE-FORT À CAUSE DE CAHUZAC...
...PLANQUER LES TABLEAUX À CAUSE DE GUÉANT...
...PLANQUER LES CIGARES RAPPELEZ-VOUS CHRISTIAN BLANC...
...PLANQUER LES BIJOUX, RAPPELEZ-VOUS GISCARD...
...ET FERMER LA MAISON, RAPPELEZ-VOUS GÉRARD LONGUET ET HERVÉ GAYMARD !
DÉFENSE D'ENTRER
TERRAIN MINÉ
ATTENTION CHIEN MÉCHANT

LE NOUVEAU BEAUF

EN FAMILLE

LES NOUVEAUX BEAUFS SONT POUR LA RÉCONCILIATION NATIONALE

En 1994, interrogé par Jean-Pierre Elkabbach, François Mitterrand refuse de condamner Vichy au nom de la « réconciliation nationale ».

LA MÉMÉ A ÉTÉ TONDUE À LA LIBÉRATION...
LE COUSIN EST UN ANCIEN O.A.S...
LE FRÈRE A FAIT DU MARCHÉ NOIR...
SON ONCLE A ÉTÉ MÊLÉ AU TRAFIC DE PIASTRES...
ELLE A DÉNONCÉ SON MARI...
J'AI VOULU PRÉSERVER LA PAIX CIVILE
TOUT ÇA N'EMPÊCHE PAS DE FAIRE DES AFFAIRES !
JE ME DEMANDE S'ILS AVAIENT BESOIN DE MOI...

QUESTIONNAIRE BALLADUR : DES FILS DE BEAUFS DÉPOUILLÉS

En 1994, le Premier ministre Édouard Balladur envoie un questionnaire aux jeunes pour un coût de 47 millions de francs.

TOUS LES ADOS ONT ÉCRIT À BALLADUR POUR LEUR DIRE DU BIEN DE LEURS PARENTS...
TOI, TU ÉCRIS À BALLADUR POUR DÉNONCER TON PÈRE ET SA VIE PRIVÉE...
TU LUI ÉCRIS QUE J'AI UN LIPPOSUCEUR ÉLECTRONIQUE, UN DÉSTRESSEUR À POTENTIOMÈTRE, UNE CAVE AVEC SATURATEUR HYGROMÉTRIQUE, UN BAR À ROULETTES DORÉES COMME DANS LES FEUILLETONS DE TF1...
EH BIEN, C'EST À MOI QU'IL A RÉPONDU, BALLADUR : « BRAVO, CHER MONSIEUR, SI TOUS LES FRANÇAIS CONSOMMAIENT AUTANT QUE VOUS, LA FRANCE SERAIT LE JAPON DE L'EUROPE. »
TRALALA !

LES ENFANTS DES NOUVEAUX BEAUFS

JE SUIS LE PRODUIT D'UNE FAMILLE...
... MOI AUSSI !
... BOURGEOISE...
... MOI AUSSI !
... ET CATHOLIQUE...
MOI AUSSI !
FUGUONS TANT QU'IL EST TEMPS !.. UN JOUR, ON NOUS REPROCHERA NOTRE JEUNESSE PÉTAINISTE !

LES NOUVEAUX BEAUFS ENTRAÎNEURS

3,8... 3,7... 3,9... TU ES NULLE EN PATINAGE ARTISTIQUE !..
APRÈS TOUT CE QU'ON A FAIT POUR TOI !..
ON A TOUT ESSAYÉ...
LA DANSE CLASSIQUE..
...NULLE !
LE LOTO...
...NULLE !
LE SQUASH...
...NULLE !
LE PIANO...
NULLE !
...ALORS POUR LES CANCRES...
...FAIT BEAU PARTOUT !
...IL NE RESTE PLUS QU'À PRÉSENTER LA MÉTÉO SUR TF1
cabu

PEUT-ON DÉFENDRE LES BEAUFS DU F.I.S. ?

LAISSONS CES ÉLÈVES VOILÉES...
QUAND ELLES VERRONT LEURS COPINES...
QUAND ELLES VERRONT LES AUTRES VIVRE ET S'ÉCLATER...
ELLES ABANDONNERONT LEURS VOILES...
En tant que parent d'élèves voilées, je trouve votre laïcité ostentatoire...
Ou bien vous vous convertissez à l'Islam ou...
cabu

LE DROIT D'INVENTAIRE DES NOUVEAUX BEAUFS

31 DÉCEMBRE
J'AI PEU DE TEMPS POUR TENIR MES PROMESSES...
FAUDRA QUE VOUS VENIEZ DINER UN DE CES SOIRS À LA MAISON...
J'AI PROMIS ÇA IL Y A DÉJA 6 MOIS...
DEPUIS, JE LUI AI PRÊTÉ DE L'ARGENT QU'IL NE M'A PAS RENDU
ALORS J'AI VOULU ME FAIRE REMBOURSER PAR SA FEMME...
ELLE A REFUSÉ...
...ET UN RÉVEILLON SURPRISE CHEZ...
...MON AMI NANARD ?
NON MERCI
...ET UN DINER CHEZ GÉRARD POUR PENDRE LA CRÉMAILLÈRE
AH OUI ! TIENS !
ET EN MÊME TEMPS...
FAUT QUE JE VOUS FASSE ESSAYER MON NOUVEAU CABRIOLET...
IL NE FAUT JAMAIS TENIR SES PROMESSES !
BONNE ANNÉE QUAND MÊME !

L'AN PROCHAIN, ON ADOPTE UN PETIT SAUMON FUMÉ !

LE FILS DU BEAUF : TOUS LES ARABES NE SONT PAS DU F.I.S.

Le Front islamique du salut (FIS) est dissous en 1992 et passe dans la clandestinité terroriste.

M'SIEUR, J'AI PARIÉ AVEC MON PÈRE QUE LES ARABES AVAIENT...
AUX JARDINS D'ORAN
INVENTÉ L'ALAMBIC !
C'EST VRAI !
L'ISLAM ENSEIGNE UN DEVOIR DE CONNAISSANCE. LES ARABES ONT INVENTÉ AUSSI L'ALGÈBRE ET L'ALCHIMIE !
À PROPOS, TU AS DES DEVOIRS DE VACANCES
ÉLEVEZ LE DÉBAT, TIENS !

LE DROIT D'INVENTAIRE DES NOUVEAUX BEAUFS

À MINUIT :
• SANTÉ !
• BONHEUR !
• AMOUR !
...MAIS APRÈS MINUIT, ON VOIT UN DOIGT COUPÉ (OUVERTURE DES HUÎTRES)...
SANTÉ
...DEUX INTOXICATIONS ALIMENTAIRES...
UNE CRISE D'HYSTÉRIE ...UNE DÉPRESSION (MÉDICAMENTS + ALCOOL)
BONHEUR
...ET DEUX HAPPENING FAMILIAUX
AMOUR
TONTON ME PELOTE DEPUIS MA PREMIÈRE COMMUNION !
ET TOI, TU VEUX CAPTER L'HÉRITAGE DE PÉPÉ !
PARFOIS ON AJOUTE
PAIX SUR LA TERRE
C'EST MAL BARRÉ !

LA CRISE FRAPPE AUSSI LES NOUVEAUX BEAUFS

CETTE ANNÉE, JE SENS QU'À NOËL ON NE METTRA QU'UN SOULIER...
VA FALLOIR FAIRE DES ÉCONOMIES...
D'ABORD NE PAS PRENDRE LA VOITURE...
...POUR ALLER ACHETER UN PAQUET DE CIGARETTES
VA M'EN CHERCHER UN À PIED, T'AS BESOIN DE FAIRE DU SPORT !
J'AI FAIT UN STAGE DE CRACHEUR DE FEU...
...POUR APPRENDRE À SIPHONER DE QUOI GARDER MON 4x4
J'AVAIS RÉUSSI À PAYER LA MOITIÉ DE MON CAMPING-CAR... QUAND J'AI PERDU L'AUTRE MOITIÉ...
BANQUE DU SPERM
JE SUIS INQUIET POUR MON AVENIR... MA BANQUE FERA-T-ELLE FAILLITE ?
ET JE VOULAIS CHANGER DE FEMME, MAIS ÇA COÛTE TROP CHER... ALORS JE CHANGE PAR PETITS BOUTS, EN VIAGER

LES NOUVEAUX BEAUFS : LAISSONS LES ENFANTS EN DEHORS DE TOUT ÇA

Élections présidentielles en 1995. Le Front national obtient 15 % au premier tour.

PAPA, QU'AS-TU FAIT QUAND ATTILA ÉTAIT À 15 KILOMÈTRES ?
RIEN.
...TOUTES LES FEMMES FURENT VIOLÉES ET TU ES NÉ 9 MOIS APRÈS !
PAPA, QU'AS-TU FAIT QUAND LES CATHOLIQUES ET LES PROTESTANTS S'ENTRETUÈRENT À 15 MÈTRES ?
RIEN.
J'AI DONNÉ À LA QUÊTE ET TU ES NÉ 9 MOIS PLUS TARD !
Cabu
PAPA, QU'AS-TU FAIT QUAND LES VERSAILLAIS MASSACRÈRENT LES COMMUNARDS À 15 CONTRE 1 ?
RIEN.
...J'AI ATTENDU UNE PROMOTION ET TU ES NÉ 9 MOIS PLUS TARD !
PAPA, QU'AS-TU FAIT QUAND LE PEN ÉTAIT À 15 % ?
RIEN.
...JE FAISAIS PARTI D'UN COMMANDO ANTI-IVG... SI J'AVAIS SU !

LES NOUVEAUX BEAUFS : MAIGRIR EN ENGRAISSANT LES RICHES

rché
ON NOUS VEND DES POULETS PLEINS DE GRAISSE ANIMALE À 18F LE KILO !
C'EST POUR ÇA QU'ON EST GROS, NOUS LES PAUVRES...
ATTENDEZ... VOUS AUSSI VOUS POURREZ DEVE-NIR MINCE COMME LES RICHES !..
APRÈS, ON NOUS VEND DES PRODUITS POUR MAIGRIR... AU PRIX DU CAVIAR !
RÉGIME

LES NOUVEAUX BEAUFS : LA FAMILLE, C'EST SACRÉ NOM DE DIEU

MON 1er FILS EST GAULLISTE...
MON 2e EST SOCIALISTE...
MON 3e EST LEPENISTE...
...ET MON TOUT : UNE BELLE CASTAGNE !
JE ME SOUVIENDRAI DE LA FÊTE DES MÈRES...
J'ESPÈRE QU'IL N'Y AURA PAS D'ÉLECTION POUR LA FÊTE DES PÈRES !

LES NOUVEAUX BEAUFS : LE CLONAGE OU L'ADOPTION

AVEC DES OVULES SUR INTERNET
LEQUEL A LE PLUS GROS Q.I ?
C'EST TROP CHER !
ON VA ADOPTER UN TOUTOU !
LA CONVERSATION D'UN BOXEUR...
L'ÉLOQUENCE D'UN COUREUR CYCLISTE...
...LA VIVACITÉ D'ESPRIT D'UN HALTÉROPHILE !

ON VA POUVOIR CHOISIR NOTRE GRAINE DE CHAMPION
EUGÉNISME :
UN ENFANT À LA CARTE

LES NOUVEAUX BEAUFS AIDENT LEURS REJETONS À PASSER LE BAC

T'ES VRAIMENT UN NUL !...
LYCÉE
TU N'AS MÊME PAS OSÉ UN PEU TRICHER ...
TOUT LE MONDE TRICHE, SINON ON N'ARRIVE À RIEN !
REGARDE LES SPORTIFS, LES POLITIQUES QUI FONT VOTER LES MORTS, LES CÉRÉALIERS QUI SE GOBERGENT AVEC LES SUBVENTIONS...
POURQUOI TU N'AS PAS DEMANDÉ À ALLER AUX TOILETTES POUR CONSULTER ...
...TON DEUXIÈME PORTABLE
?
RENTRE PRÉPARER LA SESSION DE RATTRAPAGE !
MOI, J'AI RENDEZ-VOUS AVEC UN CANON FACEBOOK
MOI, J'AI UN PEU EXAGÉRÉ MES MENSURATIONS ...ENTRE GEORGES CLOONEY ET ROCCO SIFFREDI...
P'PA !... SESSION DE RATTRAPAGE ?

LES NOUVEAUX BEAUFS : COMMUNIER SANS ENTRAVE

JE VEUX GARDER MON NOMBRIL À L'AIR...
ACCORDÉ !
JE NE VEUX PAS DE SÉGRÉGATION : LES FILLES AVEC LES GARÇONS ...
BON !
JE VEUX POUVOIR METTRE UN PEU DE ROUGE À LÈVRES ...
ACCORDÉ !
...MAIS PAS DE ROBE LONGUE !
ACCORDÉ !
À CES CONDITIONS, JE VEUX BIEN FAIRE MA PREMIÈRE COMMUNION
PLUS PRÈS DE TOI MON DIEU PLUUUS PRÈS DE TOI

LES NOUVEAUX BEAUFS : DÉJÀ LE STRESS DES FÊTES

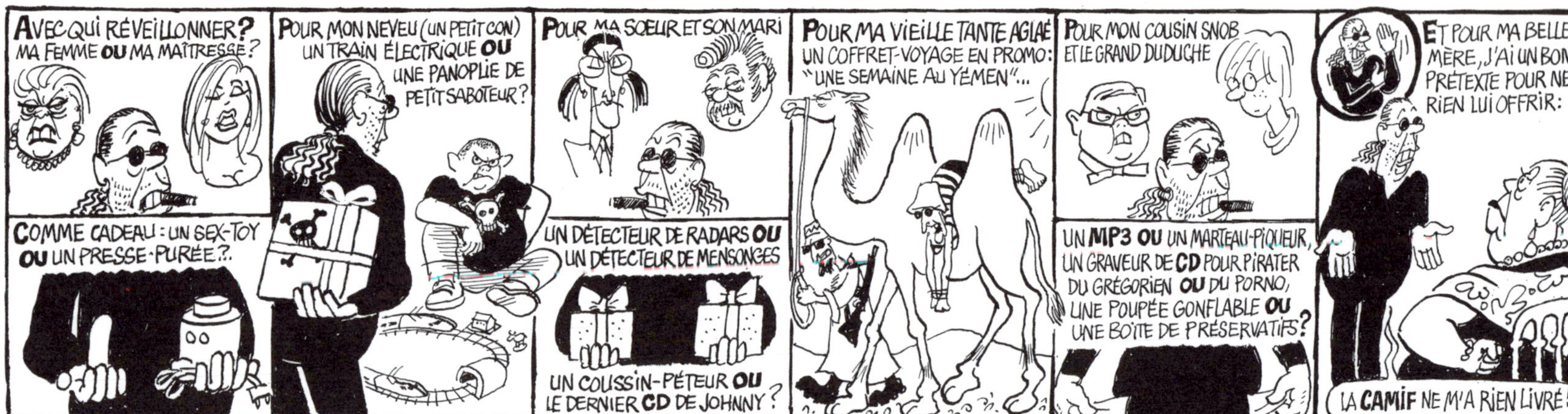
AVEC QUI RÉVEILLONNER? MA FEMME OU MA MAÎTRESSE?
COMME CADEAU : UN SEX-TOY OU UN PRESSE-PURÉE?.
POUR MON NEVEU (UN PETIT CON) UN TRAIN ÉLECTRIQUE OU UNE PANOPLIE DE PETIT SABOTEUR?
POUR MA SOEUR ET SON MARI
UN DÉTECTEUR DE RADARS OU UN DÉTECTEUR DE MENSONGES
UN COUSSIN-PÉTEUR OU LE DERNIER CD DE JOHNNY?
POUR MA VIEILLE TANTE AGLAÉ UN COFFRET-VOYAGE EN PROMO: "UNE SEMAINE AU YÉMEN"...
POUR MON COUSIN SNOB ET LE GRAND DUDUCHE
UN MP3 OU UN MARTEAU-PIQUEUR, UN GRAVEUR DE CD POUR PIRATER DU GRÉGORIEN OU DU PORNO, UNE POUPÉE GONFLABLE OU UNE BOÎTE DE PRÉSERVATIFS?
ET POUR MA BELLE-MÈRE, J'AI UN BON PRÉTEXTE POUR NE RIEN LUI OFFRIR:
LA CAMIF NE M'A RIEN LIVRÉ!

LES NOUVEAUX BEAUFS FÊTENT NOËL

SARKOZY? LES RADARS? L'EUTHANASIE? LA TURQUIE? DOUSTE-BLAZY? NON, C'EST TROP RISQUÉ COMME THÈME DE CONVERSATION...
PEUT-ÊTRE LA BOUFFE... C'EST CONSENSUEL LA BOUFFE...
LE FOIE GRAS, HEU ÇA ME DONNE MAL AU COEUR...
QUOI, QUOI LE FOIE GRAS?
LES KHMERS VERTS COMMENCENT TOUJOURS PAR LE FOIE GRAS, ET APRÈS...
...ET APRÈS ILS RÉCLAMENT LA SUPPRESSION DE LA CHASSE ET DE LA CORRIDA!
EUH... UN SUJET PEINARD : LES STARS QUI SE FONT GONFLER LES LÈVRES... MAIS MA VOISINE...
AH!
UN SUJET À LA MODE : LES PSY... HEU... MAIS MON VOISIN EST MÉDECIN MILITAIRE PSY
GRR...
LES ÉCRANS PLATS... AÏE, ELLE SE VEXE, ELLE N'A PAS DE POITRINE
LE HAUT-DÉBIT... J'AVAIS OUBLIÉ QUE TATIE ÉTAIT INCONTINENTE...
ET J'AI EU LE MALHEUR DE PRONONCER PSG ...ET LE RÉVEILLON S'EST TERMINÉ LÀ.

LES NOUVEAUX BEAUFS : LES FÊTES DE FIN D'ANNÉE, QUELLE CORVÉE !

AUTOUR DE MOI... ...PERSONNE N'AIME LES RÉVEILLONS...
SEUL ARAFAT VEUT ABSOLUMENT ALLER À LA MESSE DE MINUIT...!...
MÊME LE PÈRE NOËL N'AIME PAS NOËL
J'PEUX PAS PIFFER LES GOSSES!
LES GENDARMES N'AIMENT PAS LES FÊTES À CAUSE DES RETOURS DE DISCOTHÈQUES
LES MÉDAILLÉS DU TRAVAIL...
...N'AIMENT PAS LA FIN DE L'ANNÉE... LES MÉDAILLEURS NON PLUS.
COMME DIT UN COPAIN ÉVÊQUE : NOËL, C'EST POUR LA FAMILLE...
...ET LE 31 DÉCEMBRE...
...C'EST POUR LES COPAINS!
MÊME LE SAPIN DE L'ÉLYSÉE N'ATTIRE PLUS...
...ELLE PIQUE!

LES NOUVEAUX BEAUFS : DES LENDEMAINS QUI DÉCHANTENT

JE VOUS RAPPORTE LE STRING QUE J'AVAIS OFFERT À MA GROSSE POUR NOËL...
...J'AVAIS VU UN PEU JUSTE !
ÇA IRA COMME ÇA ?
JE VOUS RAPPORTE CETTE BOITE DE PRÉSERVATIFS QUE L'ON M'A OFFERTE...
...TROP PETITS !
JE VOUS RAPPORTE CETTE POUBELLE DE TABLE, JE VOUDRAIS L'ÉCHANGER CONTRE UNE MONTRE EN OR
JE VOUS RAPPORTE CE PORTABLE QUI FAIT DES PHOTOS CONTRE UN PORTABLE QUI FAIT LE CAFÉ
JE VOUS RAPPORTE...
MENU
...VOTRE FOIE GRAS POURRI VOTRE VOL-AU-VENT ÉVENTÉ VOTRE BÛCHE DÉGUEU
OUAÏRK !

LES NOUVEAUX BEAUFS : PAIX SUR TERRE ET SALE MÉTÉO CHEZ LES CROYANTS

J'ORGANISE UN DÉJEUNER OECUMÉNIQUE... JE COMPTE SUR VOUS !
MON NEVEU EST RAËLIEN...
MON DEMI FRÈRE EST BOUDDHISTE ...
MON FRÈRE MORMON
TATA EST BONNE SOEUR...
TONTON EST RABBIN...
2 COUSINS : UN HARE KRISHNA ET UN CHIIT
JE VOUS AI RÉUNIS POUR MONTRER AU MONDE QUE TOUTES LES RELIGIONS PEUVENT S'ENTENDRE...
OUMPF
GLOUP
UNE ARÊTE QUI NE PASSE PAS ! À L'ASSASSIN !
ATTENDS TA GUEULE, SATAN ! QUAND UNE RELIGION EST ATTAQUÉE TOUTES SONT SOLIDAIRES !

RÉVEILLONS : LES SUJETS QUI FÂCHENT LES NOUVEAUX BEAUFS

Ne pas parler du conflit israélo-palestinien, du voile, de la guerre en Irak, de Star Ac', de Chirac... mais faire quand même la conversation...
HEU... MOI, PERSONNELLEMENT JE SERAIS PLUTÔT POUR LES RADARS SUR LES AUTOROUTES
PETIT SALAUD!
POUR PARLER DE L'AUGMENTATION DU PRIX DU TABAC, JE VAIS ATTENDRE UN PEU...
Heureusement, j'ai trouvé un sujet consensuel : les maladies
LAROUSSE MÉDICAL
LE CHIRURGIEN A OUVERT, IL A VU UNE TUMEUR GROSSE COMME UN CHOU-FLEUR, ET IL A REFERMÉ...
C'EST COMME MOI AVEC MON FIBROM
C'EST COMME MOI AVEC MA TOTALE
ET DEVINEZ CE QU'IL M'A DIT MON PROCTOLOGUE?

LES NOUVEAUX BEAUFS DEVRAIENT SE TAIRE

NE PAS PARLER DE JOHNNY
NE PAS PARLER DE LE PEN
NE PAS PARLER DE BOTOX
NE PAS PARLER DE FOURRURE
PAS PARLER DE BENOÎT XVI ET DE SES INTÉGRISTES
ALLEZ DONC À LA TABLE DES ENFANTS!
ARTHUR ET LES MINIMOGS!
NON! POKEMON!
NE PAS PARLER DU PARIS DAKAR
NI DE ZIDANE
NE PAS PAS PARLER DU 2e PORTE-AVIONS NUCLÉAIRE
C'EST FOU TOUS LES TABOUS QU'IL Y A ENCORE DANS NOTRE SOCIÉTÉ...
NE PAS PARLER DE 4x4
UN MP3 WINX
UN MICRO STAR AC'
UN TAMAGOTCHI CONNEXION 3!

BILAN DE FIN D'ANNÉE POUR UN NOUVEAU BEAUF

JE N'AI PLUS QUE QUELQUES JOURS POUR TENIR LES PROMESSES
2008
...QUE JE M'ÉTAIS FAITES AU DÉBUT DE L'ANNÉE...
2007
RELIRE PROUST...
...MAIS AVANT, FAUT DÉJÀ QUE JE LE LISE!
ARRÊTER LE TABAC, LE WHISKY ET LES NANAS...
...ET ME TAPER UNE BONNE SŒUR
BON... ON VERRA L'ANNÉE PROCHAINE
AH!... ET APPRENDRE À SIFFLER ENTRE MES DOIGTS...
...SANS OUBLIER DE VOIR SYRACUSE, L'ÎLE DE PÂQUES ET KAIROUAN...
...MAIS FAUDRAIT QUE J'APPRENNE À ME SERVIR DE MON ORDINATEUR
BON... IL Y A AUSSI LES PROMESSES QUE J'AVAIS FAITES AUX AUTRES...
FAUDRA QUE JE TE MONTRE COMMENT ON TRICHE POUR LES IMPÔTS ET FAUDRA QUE JE T'EXPLIQUE COMMENT FAIRE SAUTER UN RADAR...
FAUDRA QUE JE TE PRÉSENTE UNE SUPER-NANA...
...FAUDRA QUE TU VOIS COMME ELLE EST GAULÉE...
FAUDRA... FAUDRA...
...ET PUIS JE L'AI GARDÉE POUR MOI CELLE-LÀ...
2004
2005
2006
2007
DIS DONC, MON SALAUD ÇA FAIT COMBIEN D'ANNÉES... TES PROMESSES DE QUITTER TA FEMME POUR M'ÉPOUSER?

RÉPÉTITION GÉNÉRALE CHEZ LES NOUVEAUX BEAUFS

SI ! LA FIN DU MONDE, ÇA VIENT, ÇA VIENT, PAR LE RÉCHAUFFEMENT CLIMATIQUE, PAR LE GASPILLAGE ET LE GAVAGE GÉNÉRALISÉ...
SI VOUS N'AIMEZ PAS LE FOIE GRAS, N'EN DÉGOÛTEZ PAS...

RENÉ DUMONT A TOUT DIT DÈS 1974 ET DEPUIS, TOUT S'EST AGGRAVÉ !
AH ! SARKOZY N'A PAS SUFFISAMMENT EXTIRPÉ L'ESPRIT DE MAI 68 !
LA FIN DU MONDE A DÉJÀ COMMENCÉ : VOUS AVEZ DÉJÀ PERDU UN TIERS DE VOS SPERMATOZOÏDES !
...PARLEZ POUR VOUS, MON PETIT MONSIEUR !
MOI, J'ATTENDS UN ENFANT, ET EN VOUS ÉCOUTANT... SNIF...
JE N'AI PLUS ENVIE !
ALLONS, ALLONS ! EN CETTE PÉRIODE DE FÊTES, CE QUI NOUS UNIT EST PLUS FORT QUE CE QUI NOUS SÉPARE...
NON ! CE QUI NOUS SÉPARE EST PLUS FORT QUE CE QUI NOUS UNIT : C'EST LA FAMILLE !

CADEAUX
CADEAUX

LES NOUVEAUX BEAUFS : NOËL, C'EST POUR LA FAMILLE

Fin 2006, un décret – appliqué en février 2007 – interdit de fumer dans les lieux publics.

NOËL 2001
UN DÉBAT PSG-OM AVEC MON BEAUF DÉGÉNÈRE
NOËL 2002
MA BELLE-SOEUR MEURT EN AVALANT DE TRAVERS UNE HOSTIE À LA MESSE DE MINUIT
NOËL 2003
MA SOEUR S'ÉLECTROCUTE DANS SON BAIN EN ESSAYANT SON CADEAU (UN SEX-TOY)
NOËL 2004
VERRE
MON NEVEU DÉPOSE DES BOUTEILLES VIDES AU CONTENEUR ET SE FAIT ÉCRASER EN REVENANT
NOËL 2005
MON VOISIN VEUT MANGER LES 13 DESSERTS DE NOËL : IL S'ÉTOUFFE AU 9e
NOËL 2006
MON BEAUF SABRE LE CHAMPAGNE ET COUPE LA TÊTE DE SA FEMME
POUR CE NOËL 2007, ON NE POURRA PAS ÉVITER UN DÉBAT SUR LE TABAC...
PROFITEZ DE VOTRE DERNIER CIGARE : APRÈS LE 1er JANVIER, TINTIN !

LES NOUVEAUX BEAUFS POUR 2009 : ET SURTOUT, LA SANTÉ !

MON COUSIN... PARTI AVEC LE CLUB, IL EST REVENU AVEC DES AMIBES
MON NEVEU... OPÉRÉ D'UN REIN... SE SONT TROMPÉ DE CÔTÉ
LE CHIRURGIEN, IL A OUVERT... DES MÉTASTASES GROS COMME DES CHOUX-FLEURS... IL A REFERMÉ
...COMME ÇA...
MON VOISIN... UNE CROISIÈRE CHEZ LES NIAKOUÉS... IL EST REVENU AVEC LA JAUNISSE...
MA COUSINE... ON DEVAIT LUI FAIRE LA TOTALE... MAIS ILS ONT OUBLIÉ UNE COMPRESSE DANS LE VENTRE
C'EST BIEN SIMPLE : JE N'OSE PLUS LIRE LE LAROUSSE MÉDICAL...
JE SUIS EN BONNE SANTÉ, M'A DIT MON PROCTOLOGUE...
LE CHEF CUISTOT ! EMPORTÉ PAR LE SAMU !
PARAIT QUE C'EST UN STAPHYLLOCOQUE DORÉ !

LES NOUVEAUX BEAUFS POUR LE DIMANCHE MAIS CONTRE LE MERCREDI

– TU SAIS, FISTON, AVEC LA CRISE, NOUS DEVONS FAIRE DES SACRIFICES...
NOUS ALLONS, MALHEUREUSEMENT DEVOIR SUPPRIMER TES LEÇONS D'ÉQUITATION... TROP CHÈRES...
– CHOUETTE !... JE POUVAIS PAS PIFFER MON CANASSON !
ET J'ESPÈRE ÉCHAPPER MAINTENANT AUX LEÇONS DE PIPEAU ET DE MACRAMÉ...
ET PIS J'VEUX PLUS ALLER À LA LEÇON D'ORTHOPHONIE ! MOI PAS DYSLEXIQUE !
BON ! ON PEUT ARRÊTER LES COURS DE MAINTIEN ET DE SAVOIR-VIVRE...
... ET AUSSI
LES LEÇONS D'ESCRIME ... LES DUELS SONT RARES AUJOURD'HUI...
PAR CONTRE, TU NE COUPERAS PAS AUX LEÇONS D'ÉCONOMIE...
C'EST TOI QUI VA GÉRER MON PORTEFEUILLES D'ACTIONS... MOI J'Y COMPRENDS RIEN !

LES NOUVEAUX BEAUFS : NE PAS CONFONDRE POLÉMIQUE ET SUBVERSION

BOBO !
FACHO !
VOUS N'AVEZ PAS LE MONOPOLE DE LA MARSEILLAISE, MON PETIT MONSIEUR...
MOI AUSSI, JE SUIS CONTRE L'IMPÔT ET L'ASSISTANAT... MOI AUSSI, JE SUIS POUR L'ESPRIT D'ENTREPRISE ET LES MAISONS DE CORRECTION !
NOUS AVONS EN COMMUN LES MÊMES VALEURS, ALORS DRESSONS-NOUS CONTRE L'ESPRIT DE MAI 68 !!

LES NOUVEAUX BEAUFS ONT-ILS UNE RESPONSABILITÉ DANS L'AFFAIRE DES IMPLANTS MAMMAIRES ?

En 2010, l'affaire des implants PIP éclate.

TU AS VU "FE FILM "FESTEN"?
MOI AUSSI, JE VAIS TOUT DÉBALLER : C'EST LUI QUI M'A FAIT DU CHANTAGE...
OUI... ET AUSSI "CARNAGE" DE POLANSKI...
...«FAIS-TOI POSER DES IMPLANTS MAMMAIRES SINON JE ME TIRE AVEC MA SECRÉTAIRE QUI, ELLE, A DES GROS NIBARS...»
IL M'A DIT : « JE VEUX QU'ILS SE TIENNENT COMME ÇA ! » C'ÉTAIT AU CLUB MED !
NON ! JE NE ME TAIRAI PAS !
SALAUD ! SALAUD ! EN PLUS, TU AS COMMANDÉ DES FLANS COMME DESSERT ET TU SAIS QUE JE NE LES SUPPORTE PAS !

LES NOUVEAUX BEAUFS OFFRENT DES CADEAUX À LA MODE

DE LA LINGERIE COQUINE ?...
...PLUTÔT UN ÉCRAN PLAT ?
LE PRIX GONCOURT
..."LES BIENVEILLANTES" À UN SUPPORTER DU PSG
UN PARFUM POUR UN NÉGATION-NISTE...
ZYKLON B
UN BON POUR UN ABONNEMENT D'UN AN À UN QUOTIDIEN GRATUIT...
...À UN ONCLE RADIN
UN GPS À RIBÉRY
...POUR QU'IL RETROUVE LE CHEMIN DES BUTS
ET UN AGENDA PÉRIMÉ DE L'AN DERNIER PAS ENCORE DÉBALLÉ POUR UNE VIEILLE TANTE ALZHEIMER
OH ! C'EST TROP !
UN IPOD FABRIQUÉ À COUPS DE TRIQUES PAR DES CHINOIS... POUR MOI QUI SUIS ESCLAVAGISTE
UN COUCOU SUISSE POUR UN FAN DE JOHNNY
DES COURS DE CUISINE AVEC DES COURS DE CLAQUETTES
EN MÊME TEMPS POUR UNE ANCIENNE COMPA GNE
AÏE
OUILLE

LES NOUVEAUX BEAUFS ET LES JEUX VIDÉO INTERACTIFS

SALUT FISTON !
AH OUI, C'EST LA GARDE ALTER-NÉE !
P'PA !
C'EST PAS AVEC TA MÈRE QUE TU POURRAIS JOUER COMME ÇA AVEC TON PAPA...
COMBIEN TU AS DE POINTS ? MOI... 5 !
MOI, ZÉRO !
APPLIQUE-TOI !
JACKPOT !
2 MÉMÉS ÉCRASÉES ! 3 PÉPÉS PULVÉRISÉS !
J'AI GAGNÉ !
GAGNÉ !
J'AI GAGNÉ !
T'AURAIS PU ME LAISSER GAGNER P'PA !

LES NOUVEAUX BEAUFS : UN TROP PLEIN DE SPIRITUALITÉ

APRÈS LES FOIRES AUX VINS, LES FOIRES AUX RELIGIONS...
FAUDRAIT QUE JE ME CONVERTISSE... C'EST TENDANCE !
BOUDDHISTE COMME LE DALAÏ-LAMA ?
RAFFARINADES
ÉPISCOPALIEN COMME BUSH ?
ISLAMISTE ?.. NON,
ISLAM
J'AIME TROP LE BOUDIN
BAPTISTE COMME CLINTON ?
ANGLICAN COMME TONY BLAIR
MENSONGES
PAS BESOIN DE CONFESSIONNAL !
CUL-BÉNIT COMME BERNADETTE ?
J'OSE PAS ALLER COMMUNIER ET ABANDONNER MON SAC À MAIN
ORTHODOXE COMME POUTINE ?
TCHETCHÈNES
ATHÉE, C'EST PAS MAL NON PLUS NON ?
VOIS-TU CE QUI ME PLAÎT DANS TOUTES LES RELIGIONS, C'EST QUE LES RELIGIONS...
SONT FAITES D'ABORD POUR LES MECS !

LES NOUVEAUX BEAUFS, PARENTS D'ÉLÈVES SURBOOKÉS

LE MERCREDI ET LE SAMEDI, JE FAIS LE TAXI POUR MON FILS...
... MAIS JE PROFITE DE SES ACTIVITÉS...
PENDANT QU'IL A SA LEÇON DE PIANO...
...MOI, J'AI MON COURS DE MANDOLINE
JE JOUE "JEUX INTERDITS"
PENDANT QU'IL EST AU JUDO...
...MOI, JE FILE AU MASSAGE THAÏLANDAIS
GOLF
PENDANT QU'IL SE TAPE SA LEÇON DE GOLF À 9 TROUS...
...MOI, J'AI LE TEMPS D'ALLER VOIR 3 HÔTESSES DE BAR...
PENDANT QUE MON GOSSE VA AU CATÉCHISME...
...MOI, JE VAIS VOIR UNE MARIE-MADELEINE...
ET PENDANT QU'IL EST À SA LEÇON DE SAVOIR-VIVRE ET DE BONNES MANIÈRES...
...MOI, JE VAIS VOIR DES PÉRIPA-TÉTICIEN-NES...
...MAIS JUSTE UN DOIGT!

LES NOUVEAUX BEAUFS POUR L'INSERTION DES JEUNES DANS LA VIE ACTIVE

SANS DOPAGE, IL N'Y ARRIVERA PAS!
EMPHÉTAMINES, POT BELGE OU COKE?
J'AI DÉCIDÉ D'APPLIQUER LES TROIS À MON CRÉTIN DE FILS QUI N'A AUCUNE CHANCE D'AVOIR SON BAC SANS DOPAGE!
C'EST POUR SON BIEN...
...PLUS TARD, IL ME REMERCIERA!
MAIS LE JOUR DU BAC
MON CRÉTIN DE FILS M'APPELLE: Y A UN CONTRÔLE ANTI-DOPAGE À LA SORTIE DE LA SALLE D'EXAMEN!
PAPA! VIENS PISSER DANS L'ÉPROUVETTE À MA PLACE!

LES NOUVEAUX BEAUFS : L'AVENIR EST AUX ORDURES !

Tout au long des années 2000, et jusqu'en 2012, la ville de Naples connaît un problème aigu concernant l'enlèvement des déchets.

TU AS RATÉ TON BAC!
TU N'ES QU'UNE MERDE!... ÇA TOMBE BIEN!
JE VAIS T'EN-VOYER CHEZ DES AMIS EN ITALIE...
AUTRE-FOIS, LEURS ANCÊTRES LES BANDITS CALABRAIS, RANÇONNAIENT LES TOURISTES...
ILS VONT TE PRENDRE EN MAIN...
DANS LES ANNÉES 30, C'ÉTAIENT LES CIGARETTES DE CONTREBANDE...
ILS ONT TOU-JOURS SUIVI LES ÉVOLUTIONS
ANNÉES 70: LA FRENCH-CONNEXION...
ILS T'INCULQUE-RONT L'ESPRIT D'ENTREPRISE
ANNÉES 80: LA SPÉCULATION IMMOBILIÈRE...
...CAR AUJOURD'HUI, ENCORE PLUS JUTEUX QUE TOUT ÇA, IL Y A LA GESTION DES ORDURES!
JE T'ENVOIE À NAPLES!

LES FILS DE NOUVEAUX BEAUFS VEULENT QUITTER LA FRANCE

MOI AUSSI, QUAND J'AVAIS TON ÂGE, J'AI EU ENVIE DE M'EXILER...
MOI, C'EST POUR OBTENIR UN DIPLÔME INTERNATIONAL, P'PA...
JE VOUDRAIS ALLER EN AUSTRALIE P'PA...

LES NOUVEAUX BEAUFS ENTERRENT L'ANNÉE AVEC TOUTE LA TROUPE

De 2009 à 2014, la France intervient en Afghanistan dans le cadre de l'opération Pamir.

NOUS AVONS L'HONNEUR DE RÉVEILLONNER AVEC L'ADJUDANT KRONENBOURG QUI VIENT DE RENTRER D'AFGHANISTAN TOUT COUVERT DE GLOIRE...
À LA SANTÉ DE NOTRE HÉROS !
MAIS VOUS REVENEZ VAINCU D'AFGHANISTAN... COMME VOTRE PÈRE EST REVENU VAINCU D'INDOCHINE ET D'ALGÉRIE !
POUR LE REPOS DU GUERRIER T'ES MA POINTURE !
ATTENDEZ ! ON N'A MÊME PAS ABORDÉ LE DÉBAT SUR LE MARIAGE HOMO !

AH! MOI, J'AI CONNU UNE AUSTRALIENNE...
MIAM MIAM!
OU BIEN AU QATAR...
AH! J'AI CONNU UNE CATHAREUSE...
...ET TU VISES QUEL DIPLÔME?
...MST
AH! J'AI CONNU ÇA AUSSI!
ET JE VOUDRAIS AUSSI ALLER AU CANADA, P'PA...
AH! J'AI CONNU UNE CANADIENNE EH BEN J'AI PASSÉ L'HIVER AU CHAUD...
OU EN BELGIQUE... LES ÉTUDES SONT PLUS COOL
AH! J'AI CONNU UNE EMPLOYÉE DE DODO LA SAUMURE!
MST, C'EST MAÎTRISE DE SCIENCES ET TECHNOLOGIES, P'PA, ET NON PAS "MALADIES SEXUELLEMENT TRANSMISSIBLES"!

LES BONNES RÉSOLUTIONS DES NOUVEAUX BEAUFS

AH! CETTE ANNÉE, FAUDRA QUE JE TIENNE MES PROMESSES...
FAUDRA QUE JE T'INVITE À UNE JOURNÉE PORTES OUVERTES CHEZ LES PARAS...
PIS APRÈS, FAUDRA QUE JE T'EMMÈNE AUX PUTES
ET PIS FAUDRA QUE JE T'EMMÈNE VOIR JOHNNY... POUR QUE TU DÉCOUVRES AUTRE CHOSE QUE TON JAZZ!
FAUDRA QUE JE TE FASSE ESSAYER
MON NOUVEAU 4×4
ET PIS FAUDRA QUE JE T'EMMÈNE À UN MEETING DE MARINE LE PEN... FAUDRA QUE TU T'Y HABITUES, HEIN!
BEN... LÀ, J'AIMERAIS MIEUX QUE VOUS NE TENIEZ PAS VOS PROMESSES!

VENDREDI 13 : LES NOUVEAUX BEAUFS DÉDRAMATISENT

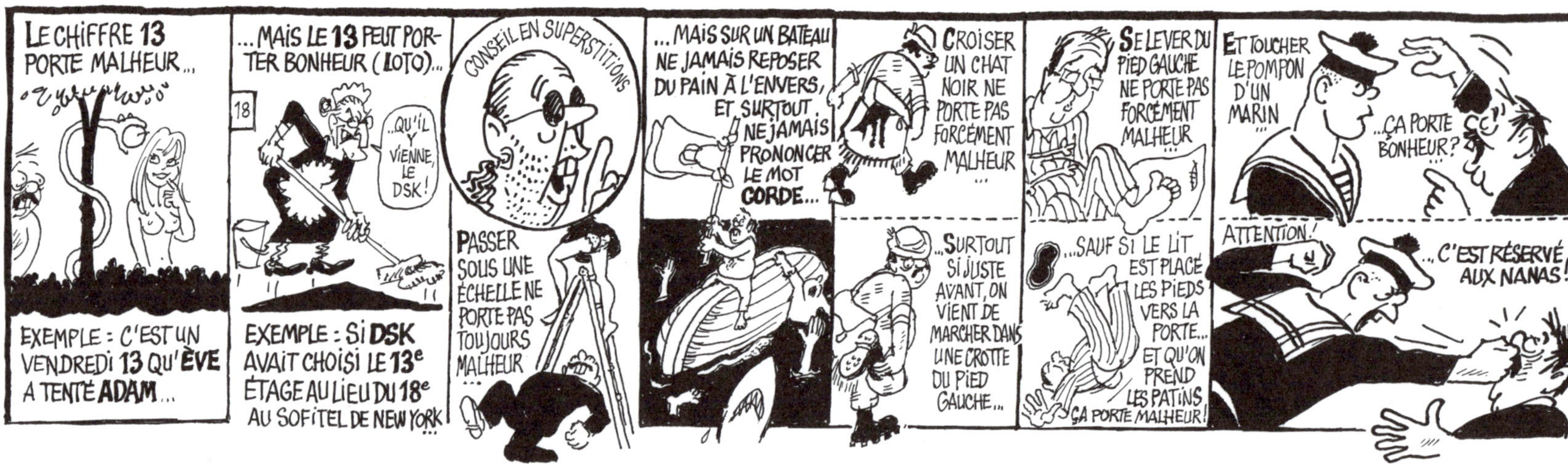

LE CHIFFRE 13 PORTE MALHEUR...
EXEMPLE : C'EST UN VENDREDI 13 QU'ÈVE A TENTÉ ADAM...
...MAIS LE 13 PEUT PORTER BONHEUR (LOTO)...
18
...QU'IL Y VIENNE, LE DSK !
EXEMPLE : SI DSK AVAIT CHOISI LE 13e ÉTAGE AU LIEU DU 18e AU SOFITEL DE NEW YORK...
CONSEIL EN SUPERSTITIONS
PASSER SOUS UNE ÉCHELLE NE PORTE PAS TOUJOURS MALHEUR...
...MAIS SUR UN BATEAU NE JAMAIS REPOSER DU PAIN À L'ENVERS, ET SURTOUT NE JAMAIS PRONONCER LE MOT CORDE...
CROISER UN CHAT NOIR NE PORTE PAS FORCÉMENT MALHEUR...
...SURTOUT SI JUSTE AVANT, ON VIENT DE MARCHER DANS UNE CROTTE DU PIED GAUCHE...
SE LEVER DU PIED GAUCHE NE PORTE PAS FORCÉMENT MALHEUR...
...SAUF SI LE LIT EST PLACÉ LES PIEDS VERS LA PORTE... ET QU'ON PREND LES PATINS
ÇA PORTE MALHEUR !
ET TOUCHER LE POMPON D'UN MARIN...
...ÇA PORTE BONHEUR ?
ATTENTION !
...C'EST RÉSERVÉ AUX NANAS !

UN PEU DE BAUME AU CŒUR POUR LES NOUVEAUX BEAUFS

DEPUIS LE 1er JANVIER, JE TRAVAILLAIS POUR L'ÉTAT : IMPÔTS, CHARGES, ETC...
64 MILLIONS D'OTAGES LIBÉRÉS
2011
27 JUILLET
DEPUIS LE 27 JUILLET, JE TRAVAILLE POUR MOI...
...ENFIN, JE TRAVAILLE POUR MA FEMME...
DIOR
Jacques Fath
ST LAURENT
...ET POUR MON CRÉTIN DE FILS...
...ET POUR MA DANSEUSE...
...ET POUR LES PENSIONS DE MES "EX"...
...ET POUR LE POKER
...ET LE PEU QUI RESTE, JE LE METS À LA CAISSE D'ÉPARGNE !
NON ! TU LE PLACERAS À LA "CONVENTION OBSÈQUES" ...TU NE CROIS PAS QUE JE VAIS PAYER TON ENTERREMENT !

LES NOUVEAUX BEAUFS DANS LE RÉTROVISEUR

C'EST LE MOMENT DE FAIRE LE BILAN DE L'ANNÉE ÉCOULÉE...
J'AVAIS PARIÉ UNE CAISSE DE CHAMPAGNE...
...QUE DSK SERAIT PRÉSIDENT
J'AI REVENDU MES LINGOTS D'OR POUR RACHETER DES EMPRUNTS FRANCO-RUSSE !
HOROSCOPE
J'AVAIS PROMIS D'ALLER AU BOIS DE BOULOGNE UNIQUEMENT POUR ROLAND-GARROS
JE VOULAIS DONNER 10 € AUX RESTOS DU CŒUR... ET PUIS JE LES AI DONNÉS AU LOTO SPORTIF !
JE VOULAIS ME SÉPARER DE MON 4×4, MAIS APRÈS DURBAN TOUT LE MONDE S'EN FOUT : JE PEUX LE GARDER
SUR INTERNET, J'AI ÉTÉ DÉNONCÉ PAR 50 INTERNAUTES. SUR MON BLOG, J'EN AI DÉNONCÉ 5000
BON !... MAIS SURTOUT, AU RÉVEILLON, IL NE FAUDRA PAS PARLER DE :
– DSK
– PROSTITUTION
– BILAN CARBONE
– LA BOURSE
– DES ONG
– D'INTERNET
ET SI !... ILS EN ONT PARLÉ !
KHMER VERT
GASPILLEUR
BOURSICOTEUR
ESCLAVAGISTE
JE REVENDRAI TES CADEAUX SUR INTERNET !
MOI, JE LES FOUTRAI À LA POUBELLE !

DIOR
Jacques Fa
ES ST LAURENT

LES NOUVEAUX BEAUFS SOLDENT L'ANNÉE

JE N'AI PLUS QUE QUELQUES JOURS...
31 DÉCEMBRE
...POUR TENIR MES PROMESSES...
CETTE ANNÉE, J'AVAIS PROMIS À DES COPAINS...
FAUDRA QUE JE T'INVITE À DÎNER AU RESTO DE LA TOUR EIFFEL APRÈS UN TOUR DE PARIS EN HÉLICO...
FAUDRA QUE JE T'APPRENNE À TRICHER AU POKER
FAUDRA QUE JE T'EMMÈNE CHEZ LULU LA PÉNICHE UN CLUB LIBERTIN
FAUDRA QUE JE T'APPRENNE À ROULER LE FISC
MAIS CEUX-LÀ, JE N'AI PAS INTÉRÊT À LES REVOIR : ENTRE TEMPS, JE LEUR AI EMPRUNTÉ DU FRIC...
AH ! MAIS J'AVAIS PROMIS AUSSI...
FAUDRA QUE JE T'EMMÈNE POUR T'INSCRIRE SUR LES LISTES ÉLECTORALES
FAUDRA QU'ON AILLE DANSER AU CAVEAU DE LA HUCHETTE
AUJOURD'HUI PLUS QU'HIER ET BIEN MOINS QUE DEMAIN
FAUDRA QUE JE PENSE À TE DIRE QUE C'EST POUR LA VIE...
OUF ! JE N'AURAI PAS À RESPECTER MES ENGAGEMENTS...
...ELLE VIENT DE ME PLAQUER !

LES NOUVEAUX BEAUFS SE PENCHENT SUR LE CHÔMAGE DES JEUNES

MON CRÉTIN DE FILS NE FOUT RIEN AU COLLÈGE, QU'EST-CE QU'ON VA EN FAIRE ?
J'ORIENTE LES CAS LES PLUS DÉSESPÉRÉS !
DANS CES CAS-LÀ JE DIS TOUJOURS : ENGAGEZ-VOUS ENGAGEZ-LE !
L'ARMÉE N'EN VOUDRA MÊME PAS !... IL A LES PIEDS PLATS !
...ET CAPITAINE DE SOIRÉE ?
WOAF ! IL BOIT PLUS QUE LES AUTRES !
ALORS, IL POURRAIT DEVENIR REPRÉSENTANT EN APÉKITIFS POUR LES "WEEK-END" D'INTÉGRATION" DES GRANDES ÉCOLES...
NON ! IL NE POURRA JAMAIS EXERCER UN VRAI MÉTIER...
C'EST UN BON À RIEN, UN CANCRE QUI FAIT RIRE TOUTE LA CLASSE !
MAIS VOILÀ SA VOCATION : IL PEUT DEVENIR "AUXILIAIRE DE VIE" COMME...
BLAGUES
...COMME CELUI DU FILM "INTOUCHABLES" !
...ET COMBIEN ON TOUCHE ?

LES NOUVEAUX BEAUFS ? …DE GRANDS ENFANTS

LES ENFANTS ON LEUR DIT : FAIS PAS ÇA… ILS LE FONT QUAND MÊME…
ON LEUR DIT : PAS TROP MANGER DE GLACES EN ÉTÉ…
PAS TROP DE GALETTE DES ROIS EN HIVER…
…ILS LE FONT QUAND MÊME !
ON LEUR DIT DE NE PAS SAUTER DU GRAND PLONGEOIR
ON LEUR DIT DE NE PAS ARRACHER LES PATTES DES GRENOUILLES…
…ILS LE FONT QUAND MÊME !
ON LEUR DIT : C'EST PAS BEAU DE MONTRER SON ZIZI, ILS LE FONT QUAND MÊME…
ON LEUR DIT : PAS BEAU LES JEUX VIDÉO VIOLENTS…
ILS LE FONT QUAND MÊME…
ET LES BEAUFS… ON LEUR DIT : REGARDEZ TOUS LES PAYS QUI ONT VOTÉ POUR L'EXTRÊME-DROITE, REGARDEZ COMME ÇA S'EST TOUJOURS MAL TERMINÉ…
VOTEZ
MARINE LE PEN
…ON LEUR DIT, MAIS ILS LE FERONT QUAND MÊME !

LES NOUVEAUX BEAUFS : DERNIÈRE MANIF AVANT L'AUTOROUTE DES VACANCES

Manif contre le mariage pour tous, « Un papa, une maman », avril 2013.

VOUS AVEZ BIEN SUIVI MES INSTRUCTIONS POUR RÉUSSIR UNE MANIF…
UN PAPA UNE MAMAN
UN DÉODORANT ANTI-EFFLUVES DE MERGUEZS… QUI FONT TROP PENSER À LA FÊTE DE L'HUMA
MERGUEZS
LES SAINTES HUILES POUR SOIGNER LES AMPOULES
SE PLANQUER SOUS LES JUPES DES BONNES SŒURS POUR ÉCHAPPER AUX CRS
…ET UNE INDULGENCE PLEINIÈRE GAGNÉE PAR AMPOULE
…MAIS JE NE POUVAIS PAS TOUT PRÉVOIR…
PAPA, MAMAN, J'AI RENCONTRÉ JEAN-CHARLES À LA MANIF…
…ET JE CROIS QU'ON VA SE MARIER !

LES NOUVEAUX BEAUFS EN PLEINE NOSTALGIE

DE MON TEMPS, LES MANIFS NE FAISAIENT PAS PARTIE DES RYTHMES SCOLAIRES…
C'EST ÉMOUVANT UNE PREMIÈRE MANIF…
MA 1ère MANIF C'ÉTAIT LE 6 FÉVRIER 1934 AVEC LES CROIX DE FEU…
MOI, MA 1ère MANIF, C'ÉTAIT UNE MANIF DE L'OAS POUR L'ALGÉRIE FRANÇAISE… (1962)
MA 1ère MANIF, C'ÉTAIT LE 30 MAI 1968 SUR LES CHAMPS-ÉLYSÉES…
NON À LA CHIENLIT
(MOI EN 68)
MOI, MA 1ère MANIF C'ÉTAIT :
POUR L'ÉCOLE PRIVÉE
1983
ET MOI, C'EST LA GRANDE MANIF
NON AU MARIAGE POUR TOUS
2013
ON VA SE MARIER !
MON ARRIÈRE-PETIT-FILS !
MOI, 1ère MANIF… 1ère CONTRE-MANIF !

LES NOUVEAUX BEAUFS : COMMENT NAISSENT LES STARS

ELLE EST MAQUILLÉE COMME SA TANTE...
"BIJOUTÉE" COMME SA MÉMÉ...
...DÉGUISÉE COMME UNE BIMBO POUR POP STARS...
...AVEC UN STRING COMME SA MÈRE
...ELLE A 10 ANS...
ELLE CHANTE COMME BRITNEY SPEARS...
...ELLE FERA L'OLYMPIA COMME LORIE...
...APRÈS UNE GRANDE TOURNÉE AU MOYEN ORIENT...
COMME ELLE A LE GOÛT DES MILITAIRES COMME SON PAPA...
...ELLE CHANTERA POUR LES SOLDATS AMÉRICAINS... COMME MARILYN MONROË !

LE NOUVEAU BEAUF
EN VACANCES

LES NOUVEAUX BEAUFS : SOMMES-NOUS À L'ABRI DE L'HORREUR ?

Y EN A QUI SE CROIENT AU RWANDA, ICI !
C'EST MA PLACE ! ÇA FAIT 22 ANS QUE J'INSTALLE MA CARAVANE ICI !
MOI, JE ME SENS ICI CHEZ MOI COMME UN SERBE !
C'EST MON TERRITOIRE ?
ET L'ORAGE !..
C'EST MA PLACE ! ÇA FAIT 22 ANS QUE JE ME RÉFUGIE ICI !
TOUT LES CAMPEURS SE RÉFUGIENT DANS LA SALLE POLYVALENTE...
VOUS SAVEZ CE QU'ILS FONT LES HUTUS... AUX RÉFUGIÉS TUTSIS ?
cabu

MON NOUVEAU BEAUF : COUP DE TONNERRE DANS L'ÉTÉ !

VACANCES ! AH... LA GRANDE RECONCILIATION AVEC MES FRÈRES HUMAINS LOVÉS AU CREUX DE DAME NATURE...
SYMPHONIE MORDORÉE DES CORPS... CONCERTO POUR AMBRE SOLAIRE...
FRAGANCE COLORÉE DANS LA MYRIADE DE L'ÉTÉ...
APOTHÉOSE DANS LA GRANDE HARMONIE UNIVERSELLE...
ET PUIS SOUDAIN LA GUERRE...
MON BEAU-FRÈRE DÉBARQUE AU CAMPING : IL EST BALLADURIEN... ET JE SUIS CHIRAQUIEN !
cabu

LES AMOURS DE VACANCES DES NOUVEAUX BEAUFS PASSERONT-ILS L'HIVER ?

Le porte-avions nucléaire *Charles de Gaulle* a été lancé le 7 mai 1994.

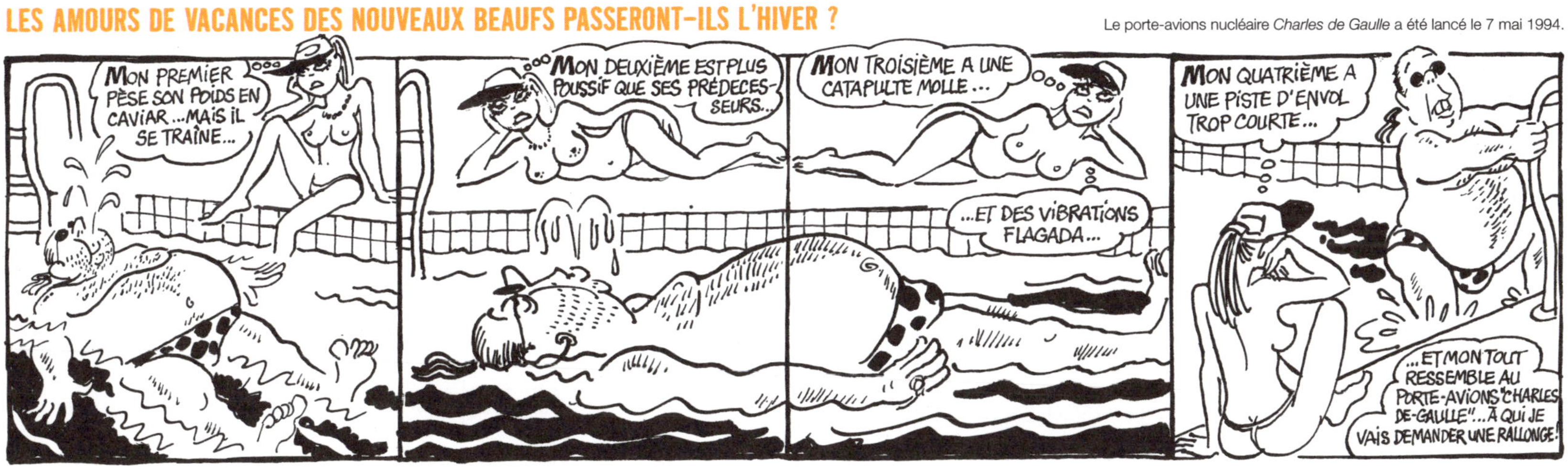
MON PREMIER PÈSE SON POIDS EN CAVIAR... MAIS IL SE TRAÎNE...
MON DEUXIÈME EST PLUS POUSSIF QUE SES PRÉDÉCESSEURS...
MON TROISIÈME A UNE CATAPULTE MOLLE...
...ET DES VIBRATIONS FLAGADA...
MON QUATRIÈME A UNE PISTE D'ENVOL TROP COURTE...
...ET MON TOUT RESSEMBLE AU PORTE-AVIONS "CHARLES DE-GAULLE"... À QUI JE VAIS DEMANDER UNE RALLONGE !

NYPD

LES NOUVEAUX BEAUFS : IL Y A LOIN DE LA COUPE AUX LÈVRES

Après la finale France-Brésil de la Coupe du monde 1998.

T'AS EU UNE FINALE DE RÊVE...
DES SONDAGES DE RÊVE POUR UN CHIRAC DE RÊVE...
UN ZIDANE DE RÊVE...
UN CONCERT DE RÊVE DES "TROIS GROS" DE RÊVE...
T'AS BATTU LES BRÉSILIENS DE RÊVE...
...ET TU VOUDRAIS EN PLUS DES BRÉSILIENNES DE RÊVE !

LA BANDE-ANNONCE DE L'ÉTÉ !

PEOPLE : LES NOUVEAUX BEAUFS ET LA CÉLÉBRITÉ

NOUS VENONS D'APERCEVOIR UNE VEDETTE EN TERRASSE...
AH ! COMMENT IL S'APPELLE DÉJA ? IL JOUAIT DANS LE MÊME FILM QUE CELUI QUI A DES GROS YEUX QUI REPASSE TOUJOURS SUR TF1 AVEC UNE BLONDE QUI A DES GROS NIBARS AH ! JE L'AI SUR LA LANGUE...
ROBERT, NE SOIS PAS VULGAIRE S'IL TE PLAIT !
C'EST UN COPAIN À MOI D'APRÈS VOTRE DESCRIPTION : ALLEZ LUI DEMANDER UN AUTOGRAPHE JE VAIS RETROUVER SON NOM...
MAIS COMMENT IL S'APPELLE ?
AH ! NON ! C'EST PAS DU TOUT ÇA ! C'EST MÊME PAS UN SOSIE, C'EST UN ESCROC QUI VEUT SE FAIRE PASSER POUR ... POUR... AH ! COMMENT IL S'APPELLE DÉJA ?

CONSOMMATION : CHEZ LES NOUVEAUX BEAUFS, ON TÂTE, ON SOUPÈSE, MAIS ON N'ACHÈTE GUÈRE...

SNIF SNIF
SNIF SNIF
cabu

LES NOUVEAUX BEAUFS : PEUT-ON ENCORE CROIRE AU PARADIS ?

LE PRINTEMPS...
LES FLEURS...
LES PETITS OISEAUX...
...LA POLLUTION.

CAMPING
SI ON PEUT PLUS PRENDRE DES BAINS DE BOUE !..
FÊTE DE LA MER
SI ON PEUT MÊME PLUS ÊTRE BÉNI AVANT DE SE NOYER !
SI ON PEUT MÊME PLUS ESCALADER L'HIMALAYA EN ESPADRILLES !
GENDARMERIE
SI ON PEUT MÊME PLUS FAIRE DU RAFTING DANS LES CHUTES DU NIAGARA !

LES NOUVEAUX BEAUFS : L'ÉTAT S'OPPOSE AU DÉPASSEMENT DE SOI

ALORS, MAINTENANT... QUI NOUS FERA PASSER À LA TÉLÉ ?

LES VACANCES À LA MODE DES NOUVEAUX BEAUFS

ALORS, CES VACANCES ?
COUNTRY !
VACANCES DE COW-BOY DANS UN RANCH EN AUVERGNE...
LÀ, C'EST MOI
AU SQUARE DANCE J'EMBALLE SEC !
AU RODÉO, J'AI TENU MOINS LONGTEMPS
BAR
JE ME SUIS VENGÉ SUR LE SEUL FIGURANT INDIEN QUE J'AI APPELÉ BISON FUTÉ ET QUE J'AI ENGUEULÉ POUR LES RADARS...
COMME IL ÉTAIT INSOLENT
JE L'AI UN PEU BIZUTÉ EN LUI ARRACHANT QUELQUES PLUMES ...MAIS ON VA ARRÊTER LÀ LE DVD...
CE SOIR-LÀ, C'ÉTAIT MOI LE CAPITAINE DE SOIRÉE...

LES NOUVEAUX BEAUFS : SEA, SEX AND SUN

SEA, SEX AND SUN !.. VOUS ALLEZ VOUS RÉGALER, MES COCHONS !
ÇA M'A COÛTÉ ASSEZ CHER, LES SEYCHELLES ! AVEC BUFFET À VOLONTÉ !
DÉJA VU !
RINGARD !
AH !
L'ADJUDANT KRONENBOURG !
RETOUR DU RWANDA !
NO SEA, NO SEX NO SUN !...ILS PRÉFÈRENT MÈRE TÉRESA À CLAUDIA SCHIFFER !

LES NOUVEAUX BEAUFS : DES VACANCES TRÈS LIMITÉES

J'AI TOUJOURS ÉTÉ À LA LIMITE DU BAISE-MAIN ET DU BAISE-TOUT
J'AI TOUJOURS ÉTÉ À LA LIMITE DU TASTEVIN ET DU CIRRHOSÉ
TOUJOURS À LA LIMITE DE L'EMBONPOINT ET DE L'OBÉSITÉ
TOUJOURS ÉTÉ À LA LIMITE DU DÉMERDARD ET DE L'ESCROC
VIAGER ?
OUI, OUI... SUBPRIMES !
À LA LIMITE DE L'UMP ET DU FN
EN ATTENDANT, À LA LIMITE DE LA TERRE ET DE LA MER... ON S'EMMERDE !
PAS MOI...
...PARCE QUE JE SUIS TOUJOURS À LA LIMITE DE LA CONGESTION ET DE L'APOPLEXIE !

Projet de couverture pour l'album *Grossesse nerveuse* (mai 1995).

LES VACANCES DES NOUVEAUX BEAUFS : RIEN QUE DU NATUREL !

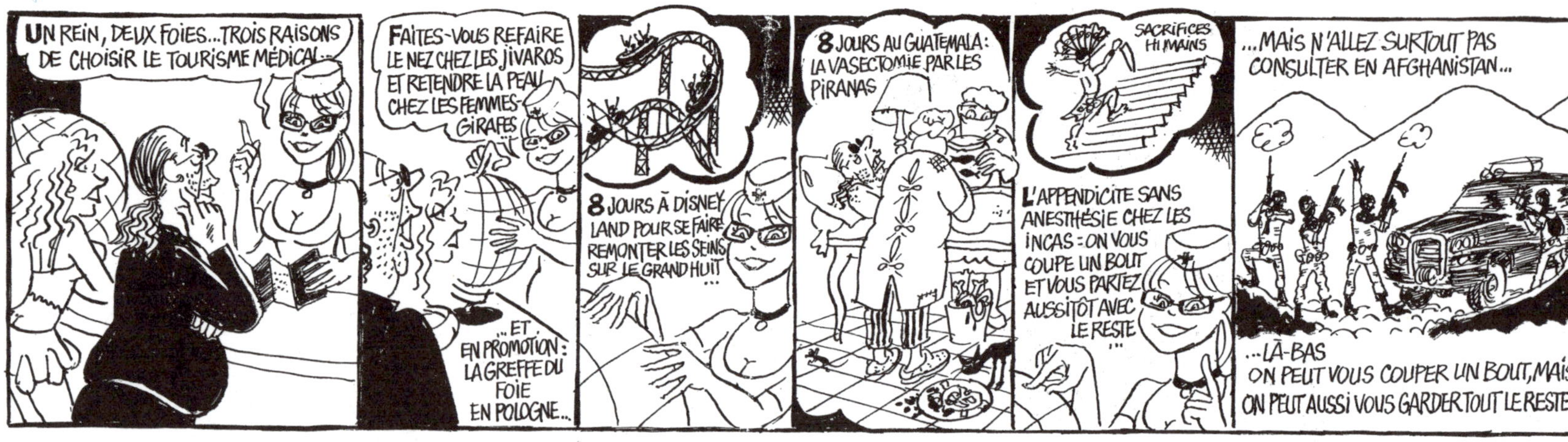
UN REIN, DEUX FOIES... TROIS RAISONS DE CHOISIR LE TOURISME MÉDICAL...
FAITES-VOUS REFAIRE LE NEZ CHEZ LES JIVAROS ET RETENDRE LA PEAU CHEZ LES FEMMES-GIRAFES
... ET EN PROMOTION : LA GREFFE DU FOIE EN POLOGNE...
8 JOURS À DISNEYLAND POUR SE FAIRE REMONTER LES SEINS SUR LE GRAND HUIT...
8 JOURS AU GUATEMALA : LA VASECTOMIE PAR LES PIRANAS
SACRIFICES HUMAINS
L'APPENDICITE SANS ANESTHÉSIE CHEZ LES INCAS : ON VOUS COUPE UN BOUT ET VOUS PARTEZ AUSSITÔT AVEC LE RESTE...
... MAIS N'ALLEZ SURTOUT PAS CONSULTER EN AFGHANISTAN...
... LÀ-BAS ON PEUT VOUS COUPER UN BOUT, MAIS ON PEUT AUSSI VOUS GARDER TOUT LE RESTE

LES NOUVEAUX BEAUFS : L'ÉTÉ, LE TEMPS DES PREMIÈRES FOIS

MON PREMIER RADAR EXPLOSÉ
MA PREMIÈRE ÉOLIENNE ABATTUE
MA PREMIÈRE AUTOROUTE À CONTRE SENS
PREMIÈRES VACANCES MÉDICALES
PREMIER LIFTING EN ROUMANIE
MON PREMIER TASTEVIN
MA PREMIÈRE CIRRHOSE
PREMIERS ADIEUX DE JOHNNY
CRAC
DJIII CROINC
PREMIER GOLF MINIATURE AU LIEU DES 18 TROUS
C'EST LA CRISE
LA CRISE : PREMIER JAMES BOND EN SMART
PREMIER BAISER À LA COCAÏNE
ET PREMIÈRE GRIPPE PORCINE
PREMIER TOURISME SEXUEL
ET PREMIER "OUTING"
AH ! LA LA ! AVEC DES PREMIÈRES FOIS PAREILLES, AUSSI CUL-CUL AUSSI GNAN-GNAN...
... ELLE EST COUILLE-MOLLE, LA FRANCE DE DEMAIN !

LES NOUVEAUX BEAUFS : PARTIR LOIN POUR OUBLIER LES SOUCIS

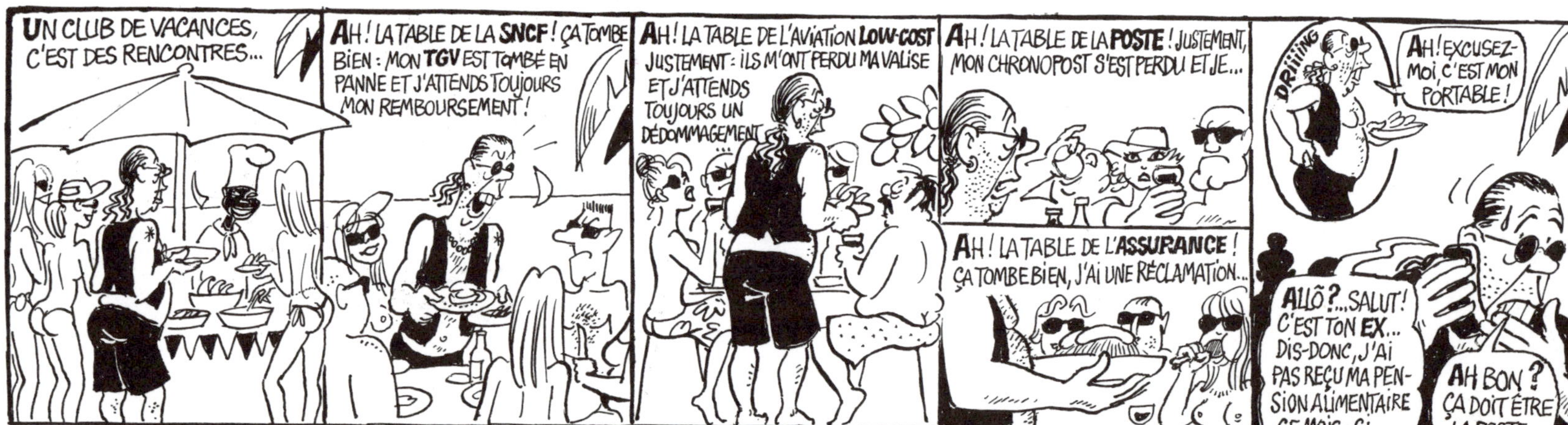
UN CLUB DE VACANCES, C'EST DES RENCONTRES...
AH ! LA TABLE DE LA SNCF ! ÇA TOMBE BIEN : MON TGV EST TOMBÉ EN PANNE ET J'ATTENDS TOUJOURS MON REMBOURSEMENT !
AH ! LA TABLE DE L'AVIATION LOW-COST JUSTEMENT : ILS M'ONT PERDU MA VALISE ET J'ATTENDS TOUJOURS UN DÉDOMMAGEMENT
AH ! LA TABLE DE LA POSTE ! JUSTEMENT, MON CHRONOPOST S'EST PERDU ET JE...
AH ! LA TABLE DE L'ASSURANCE ! ÇA TOMBE BIEN, J'AI UNE RÉCLAMATION...
DRIIIING
AH ! EXCUSEZ-MOI, C'EST MON PORTABLE !
ALLÔ ?... SALUT ! C'EST TON EX... DIS-DONC, J'AI PAS REÇU MA PENSION ALIMENTAIRE CE MOIS-CI...
AH BON ? ÇA DOIT ÊTRE LA POSTE...

LES NOUVEAUX BEAUFS : COMMENT GARDER L'INTELLIGENCE EN ÉVEIL

TOUT CORPS PLONGÉ DANS DU LIQUIDE AVEC DES MÉDUSES DE 3Kg SUBIT UNE POUSSÉE ÉQUIVALENTE À COMBIEN DE COUPS DE PIED AU CUL ?
COMBIEN FAUDRAIT-IL DE STRINGS POUR PARCOURIR LA DISTANCE DE LA TERRE À LA LUNE ?
SACHANT QU'IL Y A 3 MILLIARDS DE STAPHYLLOS À LA SORTIE DES ÉGOUTS, CALCULEZ L'HEURE DE LA PREMIÈRE PÉRITONITE
UN SCOOTER DES MERS PART DU PONTON À 15H. UN NAGEUR QUI FAIT LA PLANCHE EST PARTI 5 min. PLUS TÔT. À QUELLE HEURE SERA-T-IL COUPÉ EN 2 PAR LE JET-SKI ?
LES ESPACES ÉPILATION ÉTANT BOMBARDÉS, COMBIEN DE Kms DEVRONT PARCOURIR LES HEZ-BOLLAHS POUR SE FAIRE ÉPILER LE MAILLOT ?
LIBAN
VOIS-TU, FISTON, SI J'AI RÉUSSI DANS LA VIE, C'EST QUE J'AI TOUJOURS BIEN REMPLI MES CAHIERS DE DEVOIRS DE VACANCES !

LES NOUVEAUX BEAUFS : L'UNITÉ DE DÉMESURE

CET ÉTÉ, L'UNITÉ DE MESURE POUR LES GRÊLONS, C'EST...
DES OEUFS DE PIGEON...
NON! DES BALLES DE PING-PONG!
NON! DES BOULES DE PÉTANQUE!
NON! DES OEUFS DE MAMMOUTH...
POUR LE ROSÉ, L'UNITÉ DE MESURE C'EST LE CUBICUBE
12°
12°
POUR LE TUBE DE L'ÉTÉ, C'EST L'HECTOLITRE DE GUIMAUVE...
POUR L'HUILE SOLAIRE... LE CANADAIR...
POUR LES BOUCHONS, L'UNITÉ DE MESURE, C'EST 500 KILOMÈTRES
...ET POUR LE FARNIENTE, C'EST LA MÉGA SIESTE CRAPULEUSE
DO NOT DISTURB
POUR LES NANAS LA MESURE, C'EST MOI
...ET POUR MON VIAGRA, C'EST TOUT LE JERRICAN!

LES NOUVEAUX BEAUFS : UNE RENTRÉE PROMETTEUSE

L'ÉTÉ NE TIENT PAS SES PROMESSES "SEA, SEX AND SUN"... TU PARLES : SERPILLIÈRE, SERPILLIÈRE AND SERPILLIÈRE...
LES VOYANTS NE TIENNENT PAS LEURS PROMESSES
PACO
LES TORSES NUS SONT INTERDITS SUR LES FRONTS DE MER...
JE NE PEUX PLUS EMBALLER !
Y A QUE LES AGRICULTEURS QUI ONT PROMIS "LA RENTRÉE SERA CHAUDE !"...
LES BAGNOLES NE TIENNENT PAS...
... LEURS PROMESSES : AVEC CE TACOT, JE NE DRAGUE RIEN !
LA BOUFFE NE TIENT PAS SES PROMESSES...
APRÈS L'ÉPURATION ETHNIQUE AU KOSOVO, LES BOUES D'ÉPURATION DANS MON ASSIETTE
ILS ONT DÉVERSÉ 5 TONNES DE FUMIER DEVANT CHEZ MOI.

Y'A PAS PLUS RADINS QUE LES NOUVEAUX BEAUFS

LOW COST
DES VACANCES LOW COST !
IL PARAIT QUE ÇA NE BOUFFE RIEN, LES CHIENS DE TRAÎNEAU
ON AURAIT DÛ LEUR ACHETER DES BOITES DE RON RON...
DEUX JOURS PLUS TARD...
ON N'A PLUS QU'UN CHIEN !... IL A BOUFFÉ TOUS LES AUTRES !

LES NOUVEAUX BEAUFS : VACANCES DÉJÀ RATÉES

MES VACANCES EXTRÊMES, JE LES AI PRÉPARÉES SUR INTERNET
POUR TESTER MES LIMITES...
J'AVAIS CHOISI LA LIMITE DE LA TERRE ET DE LA MER... POUR ME CONFRONTER À LA LIMITE DU CIEL ET DE L'UNIVERS
EN FAIT, JE ME RETROUVE...
... À LA LIMITE DE LA BRETELLE D'AUTOROUTE ET DE LA ZONE INDUSTRIELLE
DANS UN BOUI-BOUI À LA LIMITE DE LA SALMONELLOSE
ET DANS UN MEUBLÉ À LA LIMITE DE LA PUBLICITÉ MENSONGÈRE ET DE L'ESCROQUERIE
la mer
C'ÉTAIT MAL EMMANCHÉ AVEC MA NOUVELLE COMPAGNE : UNE ESCORT-GIRL À LA LIMITE DE LA CALL-GIRL
ET À LA LIMITE DU TRANSEXUEL ET DU TRAVELO !

FILLE À LUNETTE
FILLE À QUÉQUETTE
MISS TEE-SHIRT MOUILLÉ
MISS DÉJÀ DESHABILLÉE

LES NOUVEAUX BEAUFS SE LÂCHENT EN VACANCES

GONZESSE AU MACUMBA
GONZESSE CUL EN BAS
NANA DANS MON HUMMER
NANA BIENTÔT FILLE-MÈRE
CC
PROVERBES À LA CON PROVERBES POUR VIEUX CONS !

LES NOUVEAUX BEAUFS : BILAN DES VACANCES GLOBALEMENT NÉGATIF

ON M'AVAIT DIT QUE LES NANAS RAFFOLAIENT DES VACANCES INSOLITES...
RÉSULTAT:
LE BIDE PARTOUT
RAFTING
OUT!
ROULOTTE
OUT!
SPÉLÉO
CLOUÉE AU SOL PAR UNE STALACTITE QUI S'EST DÉTACHÉE !
PARC DE LOISIR: UN GRAND HUIT QUI SE TERMINE EN 7 3/4
OUT!
SKI NAUTIQUE...
... INACHEVÉ JUSQU'À AUJOURD'HUI...
LA SEULE AVEC LAQUELLE J'AURAIS PU CONCLURE... ELLE N'A PAS VOULU...
...ALORS J'AI ROMPU !

LES NOUVEAUX BEAUFS : LA RENTRÉE DES FRUSTRÉS

FINALEMENT, ON EST CONTENT DE RETROUVER LE BUREAU !

LES NOUVEAUX BEAUFS DRAGUENT UNE NANA POUR L'ÉTÉ

MOI, J'AI LE MENU AVEC LES PRIX... ELLE, SANS LES PRIX
Menu
Menu
HOMARD ET CAVIAR !
BON, CELLE-LÀ, JE VAIS M'EN DÉBARRASSER VITE FAIT !
FOIE GRAS CHAMPAGNE !
MENU
MENU
CELLE-LÀ AUSSI !
ORTOLANS
...ET CHÂTEAU-PÉTRUS !
MENU
CELLE-LÀ AUSSI !
MOI, JUSTE UN CROQUE-MONSIEUR ET AU LIT !
WOAH!
MENU
MENU
AU FAIT, POUR REMPLACER LA TAXE PROFESSIONNELLE, JE MAJORE LA TAXE DE SÉJOUR DE 3.000 €
...O.K?

LES NOUVEAUX BEAUFS : CHOISIR UN TATOUAGE POUR L'ÉTÉ

LE BOUCHER-CHARCUTIER EST DEVENU TATOUEUR !
TATOUAGES
LE MORCEAU DU BOUCHER !
...OU LE MORCEAU DE LA BOUCHÈRE ?
LE TATOUAGE C'EST CONVIVIAL !
POUR LES POILUS : UN BAMBI DANS LA FORÊT
MAINTENANT QUE J'AI UN PETIT TATOUAGE...
...JE ME SENS SOLIDAIRE AVEC TOUS LES TATOUÉS !
OH ! UN AUTO-STOPPEUR...
NI DIEU NI MAÎTRE
SI TU VEUX PAS DE MOI... TIENS !
...JE TE VEUX PAS NON PLUS !

LES NOUVEAUX BEAUFS : EN PÉRIODE DE CRISE, IL FAUT S'ENTRAIDER

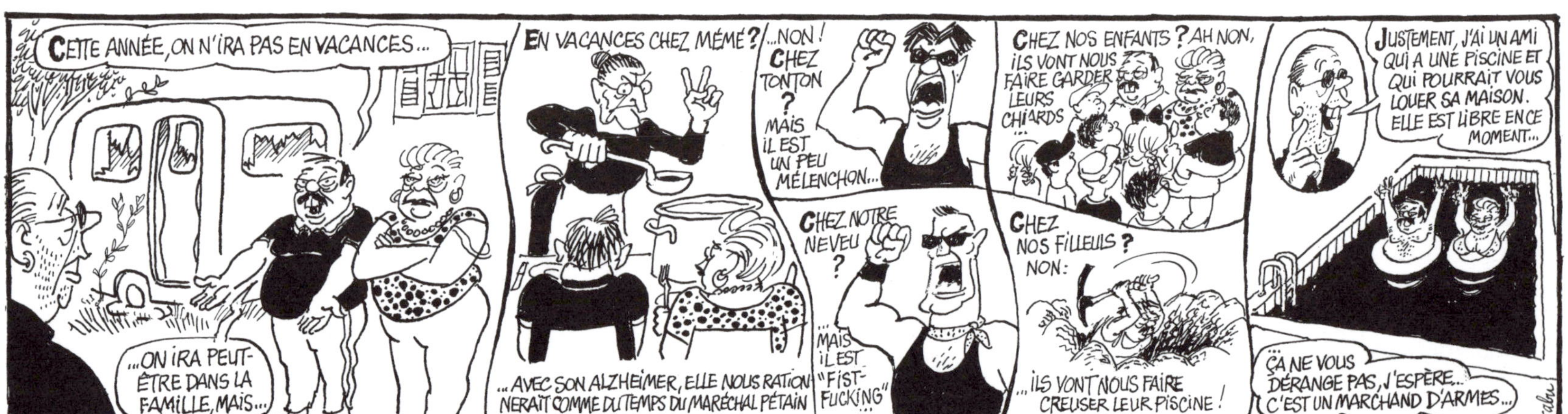

CETTE ANNÉE, ON N'IRA PAS EN VACANCES...
...ON IRA PEUT-ÊTRE DANS LA FAMILLE, MAIS...
EN VACANCES CHEZ MÉMÉ ?
...AVEC SON ALZHEIMER, ELLE NOUS RATIONNERAIT COMME DU TEMPS DU MARÉCHAL PÉTAIN
...NON ! CHEZ TONTON ? MAIS IL EST UN PEU MÉLENCHON...
CHEZ NOTRE NEVEU ?
...MAIS IL EST "FIST-FUCKING"
CHEZ NOS ENFANTS ? AH NON, ILS VONT NOUS FAIRE GARDER LEURS CHIARDS
CHEZ NOS FILLEULS ? NON :
...ILS VONT NOUS FAIRE CREUSER LEUR PISCINE !
JUSTEMENT, J'AI UN AMI QUI A UNE PISCINE ET QUI POURRAIT VOUS LOUER SA MAISON. ELLE EST LIBRE EN CE MOMENT...
ÇA NE VOUS DÉRANGE PAS, J'ESPÈRE... C'EST UN MARCHAND D'ARMES...
cabu

BILAN DE L'ANNÉE-CATASTROPHE : HEUREUSEMENT, LES SECTES SECOURENT LES NOUVEAUX BEAUFS

CET ÉTÉ J'AI ÉTÉ SAUVÉ DES FEUX DE FORÊT PAR LES VIEILLES RECETTES DE RIKA ZARAÏ
SAUVÉ D'UN KRACH ÉVENTUEL PAR LA SCIENTOLOGIE...
SAUVÉ DE LA CANICULE PAR LES LUNETTES DE SOLEIL DU TEMPLE SOLAIRE...
SAUVÉ DES TREMBLEMENTS DE TERRE PAR LA LÉVITATION TRANSCENDANTALE... ET...
SAUVÉ DES INONDATIONS PAR LES DISCIPLES...
...DE JÉSUS QUI MARCHENT SUR LES EAUX

LES NOUVEAUX BEAUFS : DES VACANCES PLOMBÉES PAR LE POUVOIR D'ACHAT

ON VOULAIT ALLER EN CROATIE, ON EST ALLÉS À ST GILLES-CROIX DE VIE ...
TROP CHER
ON A VOULU VOIR LE DALAÏ-LAMA ON S'EST RABATTUS SUR LE PUY-DU-FOU...
RAPPORT QUALITÉ PRIX
ON VOULAIT ALLER EN ROUMANIE POUR SE REFAIRE UN DENTIER À BON MARCHÉ, MAIS...
...MAIS AVEC LE PRIX DE L'ESSENCE, ON NE POUVAIT SE PAYER QU'UNE DENT SUR DEUX...
ELLE VOULAIT ALLER EN ALBANIE POUR DE LA CHIRURGIE ESTHÉTIQUE, MAIS...
...C'ÉTAIT TROP CHER : L'AURAIT FALLU RECTIFIER UN SEIN CETTE ANNÉE, ET L'AUTRE L'ANNÉE PROCHAINE
MOI J'AURAIS VOULU UN AMOUR DE VACANCES MAIS...TROP CHER...
...ALORS, J'AI PASSÉ MES VACANCES EN FAMILLE
...C'EST COMME MOI...
...MOI AUSSI, JE SUIS ALLÉ EN VACANCES DANS LA FAMILLE, CHEZ UN ONCLE...
J'AURAIS PRÉFÉRÉ IBIZA, MAIS LUI, C'EST MON ONCLE À HÉRITAGE !
MOI, J'AURAIS PRÉFÉRÉ AVOIR UN NEVEU MOINS CON, PARCE QUE CELUI-CI, IL N'AURA JAMAIS MON HÉRITAGE !

VACANCES EN NUMÉRIQUE AVEC LES NOUVEAUX BEAUFS

GRÂCE À MA VIDÉO SURVEILLANCE, JE PEUX VOUS INDIQUER LA MEILLEURE PLACE SUR LA PLAGE, ET...
...À CÔTÉ DE QUI POSER VOTRE SERVIETTE...
...NON, PAS LÀ...
PAS LÀ...
...PAS LÀ...
...PAS LÀ...
...AH ! LÀ, ¡IL Y A UN CRÉNEAU... UN PETIT COIN TRANQUILLE...
ROBERT ! JE DESCENDS ! TU VAS VOIR TA GUEULE !

LES NOUVEAUX BEAUFS : UN ÉTÉ MEURTRIER ET UN AMOUR DE VACANCES...

J'AI TOUT ESSAYÉ...
LES COLOS AVEC SPORTS EXTRÊMES...
LES MANÈGES STRATO-SPHÉRIQUES...
LES AUTOCARS CONDUITS PAR DES PLOMBIERS POLONAIS...
TOUT A RATÉ !
J'aurais jamais dû suivre cette nana fana-catho dans ce pèlerinage intégriste ....et me confesser... surtout !
MON PÈRE, JE M'ACCUSE D'AVOIR ESSAYÉ DE ME DÉBARRASSER DE MES GOSSES PENDANT LES VACANCES...
VOUS AVEZ ESSAYÉ DE LES POUSSER SUR UN BAL-CON EN DISANT QUE LES FLICS VOUS POURSUIVENT ?

LES NOUVEAUX BEAUFS : PANDÉMIE ET PANDEMONIUM

VOUS NE REVENEZ PAS DE HONG-KONG, J'ESPÈRE?
PORTE
TAXI
...PARCE QUE MOI, J'VEUX PAS ÊTRE CONTAMINÉ...
VOUS VOYEZ BIEN QUE JE N'AI PAS DE MASQUE
RASSUREZ-VOUS : JE REVIENS D'UN PAYS ISLAMIQUE OÙ J'AI FAIT DE LA RÉSISTANCE...
VOUS ÉTIEZ "BOUCLIER HUMAIN" À BAGDAD?
NON, J'ÉTAIS "ÉCLAIREUR DE POINTE" À BANGKOK!
J'AI FAIT UNE SORTE DE VOYAGE DE NOCES SOLITAIRE ET...
PARIS | PARIS | PARIS
TAXI
...J'AI CONTAMINÉ 70 VIERGES À MOI TOUT SEUL!
...J'AI PAS MIS MON MASQUE!

LES NOUVEAUX BEAUFS : UN ŒIL EXERCÉ EN VAUT DEUX

AH ! OUI ! PRÉPARONS-NOUS POUR LA PLAGE !...
... DES FESSES À LA BRÉSILIENNE ...
... UN VENTRE PLAT À L'ORIENTALE...
...DES SEINS À LA SILICONE VALLEY...
...UNE PEAU DORÉE À LA HAWAÏ ...
RENDS-MOI MES JOURNAUX FÉMININS ! ...
À PART ÇA, T'ES CONTRE LA MONDIALISATION, HEIN ?

DEUX ANS APRÈS LE TSUNAMI, LE RETOUR DES NOUVEAUX BEAUFS EN INDONÉSIE

En décembre 2004, un tsunami ravage les côtes de l'Inde, de l'Indonésie, de la Thaïlande et du Sri Lanka.

ON VA
VOIR SUR
PLACE...
...OÙ EST PASSÉ NOTRE ARGENT
LES FRANÇAIS ONT TROP DONNÉ POUR LE TSUNAMI
À LA PLACE DE NOTRE CASINO, ILS CONSTRUISENT UNE ÉCOLE...
C'EST PAS TRÈS TOURISTIQUE, ÇA !
ILS ONT MIS DES RUES PIÉTONNES PARTOUT !
ÇA VA PAS AVEC NOTRE 4x4 DE LOCATION
ET LES MASSAGES THAÏLANDAIS NE SONT PLUS CE QU'ILS ÉTAIENT...
ON N'EST PAS PRÊTS À FILER DU FRIC POUR LE DARFOUR !

SPORTS D'HIVER DE CRISE : LES NOUVEAUX BEAUFS FONT DES ÉCONOMIES

UNE FONDUE POUR 4
UN PÈRE NOËL...
...POUR 6
UNE REMONTÉE MÉCANIQUE POUR 8
UNE DESCENTE POUR 10
UNE BALADE POUR 2 EN AMOUREUX
UN SEUL CHIEN DE TRAÎNEAU À NOURRIR, LES AUTRES SE BOUFFENT ENTRE EUX...
WHISKY COLA
...MAIS ATTENTION À LA VENGENCE DU SAINT-BERNARD !

LES NOUVEAUX BEAUFS À SAINT-TROPEZ

ÇA SERAIT PAS ALAIN BELMONDO ?
TU VEUX DIRE... JEAN-PAUL DELON ?
ET LÀ-BAS AVEC SON FOULARD...
...C'EST JEANNE MOREAU OU SŒUR EMMANUELLE ?
C'EST PAS MIREILLE MATHIEU LÀ-BAS ?
MAIS NON ! C'EST GLUCKSMANN !
ET LÀ-BAS C'EST PAS P.D.D.A ?
NON ! C'EST UN BAIGNEUR AVEC UNE MÉDUSE SUR LA TÊTE !
CE SERAIT PAS UNE ANCIENNE MISS MÉTÉO DE CANAL+ ?
SI C'EST ELLE FAUT QUE JE L'ENGUEULE !
C'EST RÉGINE...
...OU CAUET ?
SI C'EST PAS JOHNNY, C'EST VACHEMENT RESSEMBLANT !
CENTRE VILLE
IL N'A PLUS SON GROS "HUMMER" ALORS ?
JE VOUS AI RECONNUS ! JE SAIS : VOUS VOUS ENLAIDISSEZ POUR PASSER INAPERÇUS... RATÉ ANGELINA JOLIE ET BRAD PITT !!
UNE PETITE DÉDICACE ?

LES NOUVEAUX BEAUFS NE BRONZENT PAS IDIOTS

La finale de la Coupe du monde 2006 (France-Italie) est marquée par le coup de tête de Zidane contre Materazzi.

JE NE VEUX PAS ÊTRE SEULEMENT UN VACANCIER...
...JE VEUX ÊTRE ...UN ETHNOLOGUE
C'EST À VOUS CES BEAUX YEUX ?
...UN EXPLORATEUR
VOUS HABITEZ CHEZ VOS PARENTS ?
...UN SOCIOLOGUE
VOUS VENEZ SOUVENT DANSER ICI ?
...UN LINGUISTE
ZIG-ZIG MAMOZELLE ?
...UN GRAND REPORTER
J'AI LES BONBONS QUI COLLENT AUX PAPIERS...
VOUS AVEZ LES RIDEAUX QUI COLLENT AUX FENÊTRES ?
...UN ROBINSON
"L'ÎLE DE LA TENTATION" ÇA VOUS DIRAIT... DANS MA CARAVANE ?
WC
AMÈNE TA PAYE AVEC LA MIENNE ÇA FERA UNE BONNE QUINZAINE
...UN POÈTE-VOYAGEUR
UN PSY
LACANIENNE OU FREUDIENNE ?
ZIDANIENNE !

LES NOUVEAUX BEAUFS DANS LE MONDE

En mai 2007, Nicolas Sarkozy est élu président de la République.

LES FRANÇAIS SONT LES PIRES TOURISTES
DISENT 12000 HÔTELIERS DU MONDE ENTIER
MAIS ON NE PEUT PAS TOUT FAIRE CHEZ NOUS...
ON NE PEUT PAS FAIRE ÇA... CHEZ NOUS
...ALORS ON ÉTAIT OBLIGÉS D'ALLER À L'ÉTRANGER...
MAIS ÇA VA CHANGER
...ESPÉRONS QUE MAINTENANT ON POURRA FAIRE CE QU'ON VEUT CHEZ NOUS !

LES NOUVEAUX BEAUFS : PAS DE PUB, PAS D'INFOS !

Mort du réalisateur Gérard Oury en juillet 2006.

QUOI DE NEUF ?... HEU, COMME JE NE LIS QUE DES QUOTIDIENS GRATUITS ET QU'ILS N'ONT PAS PARUS PENDANT LES VACANCES...
ALORS JE VAIS VOUS RÉSUMER LES INFOS DES VACANCES : PAR EXEMPLE SÉGOLÈNE EN BIKINI...
OH ! J'AI RIEN RATÉ : J'ÉTAIS CHEZ LES NUDISTES !
SI ! VOUS AVEZ RATÉ LA GUERRE DU LIBAN !
WOAF ! MON BEAU-FRÈRE A FAIT L'ALGÉRIE. IL M'A RACONTÉ... QUAND VOUS VOYEZ UNE GUERRE VOUS LES VOYEZ TOUTES !
MAIS SAVEZ-VOUS QUE L'AUTEUR DE LA "GRANDE VADROUILLE" NOUS A QUITTÉS ?
AH ! ALORS J'AI BIEN FAIT D'AVOIR FAIT DES PROVISIONS : JE L'AI VU 57 FOIS !
MAIS CET ÉTÉ...
...NOUS AVONS EUS DROIT À CHIRAC TRAVAILLANT À BRÉGANÇON MAIS PAS DE CHIRAC EN SHORT ET CHAUSSETTES...
ALORS QUE NOUS, NOUS AVONS EUS DES NOUVELLES DE SARKOZY GRÂCE À UNE MARQUE DE TONGS !
SARKOZY
UMP

LES NOUVEAUX BEAUFS : L'EXTRÊME, DERNIER TERRITOIRE DES HOMMES

MOI, LES SPORTS EXTRÊMES, JE LES PRATIQUE HORS DES SENTIERS BATTUS…
PÉDALO N°13
LE PARAPENTE "À CRU"…
LE SAUT À L'ÉLASTIQUE DEPUIS UN AVION À HÉLICES… AVEC LE RISQUE D'ÊTRE DÉCOUPÉ EN RONDELLES…
LES AMOURS DE VACANCES SANS FILET…
DISTRIBUTEUR DE PRÉSERVATIFS
LE CANYONING DANS LES ÉGOUTS…
ET MON FILS, POUR L'ENTRAINER AUX SPORTS EXTRÊMES…
…JE L'AI INSCRIT AUX SCOUTS INTÉGRISTES

LES NOUVEAUX BEAUFS : À QUI LE TOUR ?

QUE LES ÉTATS-UNIS METTENT LA PLANÈTE À FEU ET À SANG…
QU'ILS SOIENT HÉGÉMONIQUES QU'ILS PILLENT NOS RESSOURCES QU'ILS PIQUENT NOS MARCHÉS
QU'ILS NOUS FASSENT BOUFFER DE LA…
QUE NOTRE DIPLOMATIE SOIT HUMILIÉE PAR LES ÉTATS-UNIS…
CONDOLEEZZA RICE, PARAÎT QU'ELLE SERAIT AVEC ONCLE BENS…
QU'ILS MONOPOLISENT TOUTE L'INDUSTRIE PHARMACEUTIQUE…
SOIT !

…MAIS QU'ILS NE SABOTENT PAS NOTRE TOUR DE FRANCE !
ON PEUT PAS SUIVRE LES ARMSTRONG ET LANDIS NOUS !… ILS VENDENT LA DOPE TROP CHÈRE !

LES NOUVEAUX BEAUFS DANS LES ARNAQUES DE L'ÉTÉ

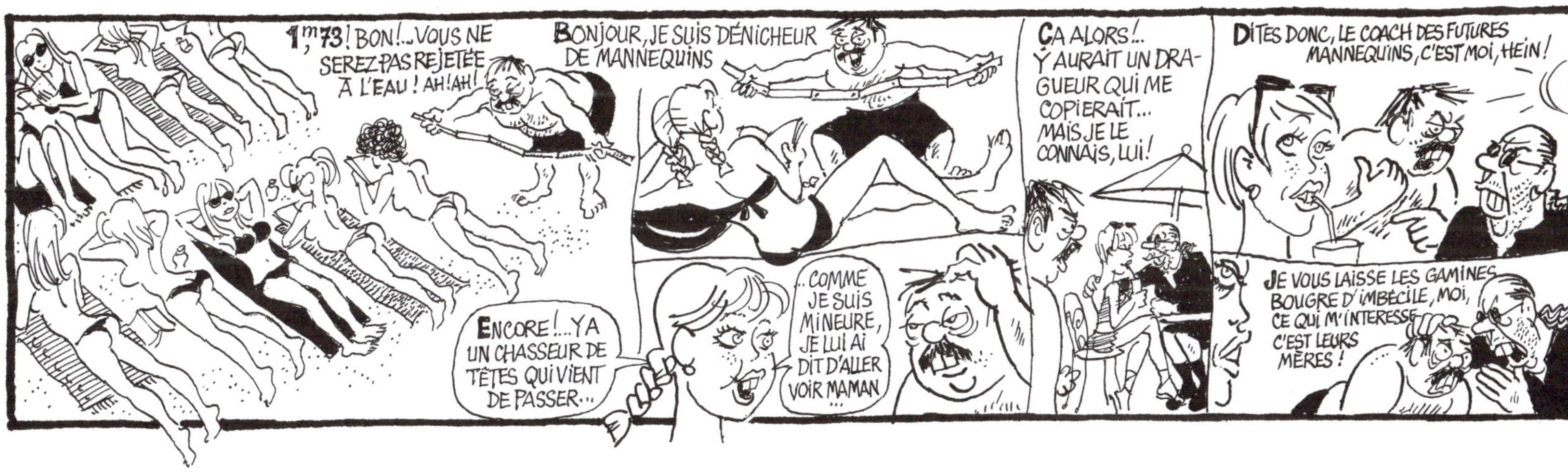
1m73 ! BON !... VOUS NE SEREZ PAS REJETÉE À L'EAU ! AH ! AH !
BONJOUR, JE SUIS DÉNICHEUR DE MANNEQUINS
ENCORE !... Y'A UN CHASSEUR DE TÊTES QUI VIENT DE PASSER...
... COMME JE SUIS MINEURE, JE LUI AI DIT D'ALLER VOIR MAMAN...
ÇA ALORS !... Y AURAIT UN DRAGUEUR QUI ME COPIERAIT... MAIS JE LE CONNAIS, LUI !
DITES DONC, LE COACH DES FUTURES MANNEQUINS, C'EST MOI, HEIN !
JE VOUS LAISSE LES GAMINES, BOUGRE D'IMBÉCILE, MOI, CE QUI M'INTÉRESSE C'EST LEURS MÈRES !

LES VACANCES POURRIES DES NOUVEAUX BEAUFS

MOI, EN FAISANT DU KITESURF, JE ME SUIS CRASHÉ SUR DES ALGUES VERTES...
...JUSTE AVANT UN RENDEZ-VOUS GALANT...
MON BEAU-FRÈRE, NUDISTE, S'EST COINCÉ LES PARTIES INTIMES EN FAISANT SES COURSES
MA NIÈCE, À UN FESTIVAL DE ROCK, ATTAQUÉE PAR DES CIGALES EN COLÈRE...
ENCORE MOI : MAUVAISE RENCONTRE SUR UNE PLAGE...
HEP !
À NINI POUR LA VIE
À NINI POUR LA VIE
ET DES RETROUVAILLES AVEC UN AMOUR DE VACANCES
TU NE ME RECONNAIS PAS ?...
...TA VISITEUSE DE PRISON !
MAIS LE PIRE SOUVENIR, C'EST MOI DANS UN PETIT TRAIN TOURISTIQUE... CE QU'ON PEUT AVOIR L'AIR CON LÀ-DEDANS !

VACANCES DE RICHES POUR LES NOUVEAUX BEAUFS

CROISIÈRES ATHÈMES
CHOISISSEZ DIX JOURS DE RÊVE...
...EN COMPAGNIE DES PLUS GRANDES STARS DE LA TÉLÉVISION FRANÇAISE...
DÉSOLÉ... NOUS N'AVONS PAS DE CROISIÈRE AVEC ROCCO SIFFREDI...
ALORS NOUS PRENDRONS L'OPTION "CROISIÈRE SURPRISE"...
ET VOILÀ LA "CROISIÈRE SURPRISE" :
Y'A-T-IL UN PASSAGER QUI SAIT PILOTER UN PAQUEBOT ?
J'AI VIRÉ LE CAPITAINE !... UN VRAI FONCTIONNAIRE ! ...IL NE SERA PAS REMPLACÉ !

LES NOUVEAUX BEAUFS : LES VACANCES, C'EST FAIT POUR SE RESSOURCER

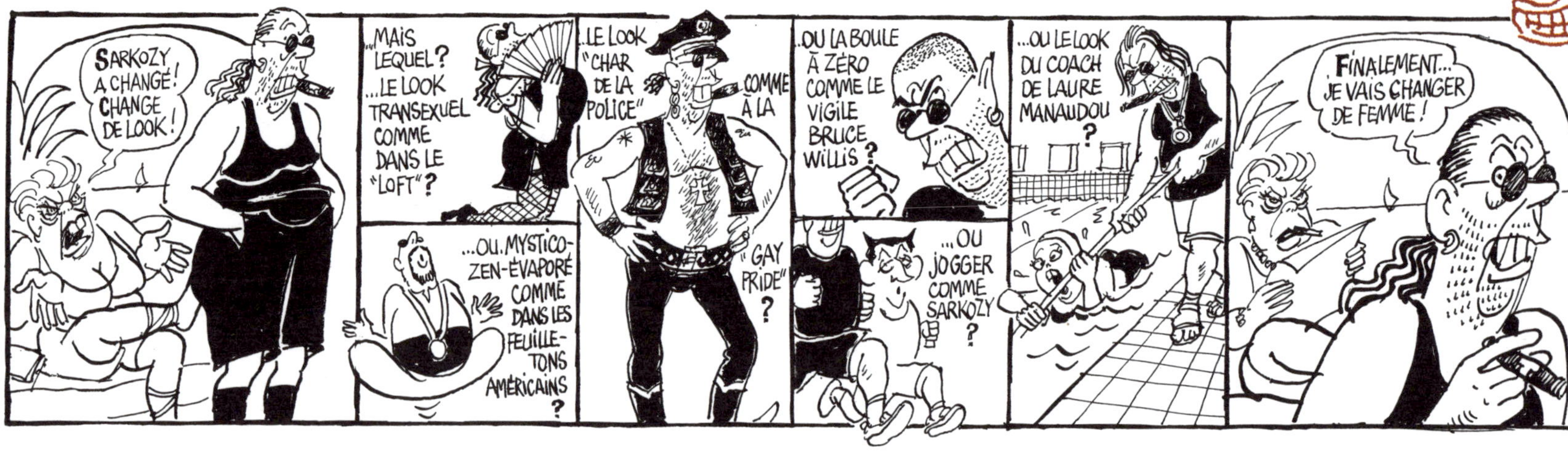
SARKOZY A CHANGÉ ! CHANGE DE LOOK !
…MAIS LEQUEL ? …LE LOOK TRANSEXUEL COMME DANS LE "LOFT" ?
…OU MYSTICO-ZEN-ÉVAPORÉ COMME DANS LES FEUILLETONS AMÉRICAINS ?
…LE LOOK "CHAR DE LA POLICE" COMME À LA "GAY PRIDE" ?
…OU LA BOULE À ZÉRO COMME LE VIGILE BRUCE WILLIS ?
…OU JOGGER COMME SARKOZY ?
…OU LE LOOK DU COACH DE LAURE MANAUDOU ?
FINALEMENT… JE VAIS CHANGER DE FEMME !

LES VACANCES DES NOUVEAUX BEAUFS : LES VACANCES, C'EST FAIT POUR JOINDRE L'UTILE À L'AGRÉABLE

TOURISME MÉDICAL
EN CHIRURGIE ESTHÉTIQUE… J'AI UN CIRCUIT EN PROMOTION…
POUR REMONTER LES SEINS : L'INDE ET SES FAKIRS
POUR GONFLER LES LÈVRES : LE ZIMBABWE
QUEL SOURIRE VOULEZ-VOUS ?
JE PRÉFÈRE JOJO-LE-MÉROU
POUR UNE LIPOSUCCION : UNE PISCINE À HOLLYWOOD
POUR LA CULOTTE DE CHEVAL :
UNE SEMAINE DANS UN ÉLEVAGE DE PERCHERONS !
ET POUR VOUS, UNE SEMAINE EN ROUMANIE POUR ALLONGER VOTRE SEXE ET RACCOURCIR VOTRE NEZ…
MAIS UN MOIS APRÈS…
C'EST POUR UNE RÉCLAMATION !
À CAUSE DE LA BARRIÈRE DE LA LANGUE !
LE CHIRURGIEN M'A RACCOURCI LE SEXE ET ALLONGÉ LE NEZ !

LES NOUVEAUX BEAUFS : RENTRÉE DIFFICILE AVEC LES AMOURS DE VACANCES

JE N'AI JAMAIS RIEN COMPRIS À LA BOURSE…
SONT CONS CETTE ANNÉE LES JEUNES…
JE N'AI JAMAIS RIEN COMPRIS AU PMU !
PARTICULIÈREMENT CON CELUI-LÀ !
NI AU RUGBY… NI AU TENNIS !
QU'EST-CE QU'IL TRIMBALLE !
…MÊME LE FOOT : JE N'AI JAMAIS COMPRIS LE "HORS-JEU" !
PFFF… ET C'EST LA FRANCE DE DEMAIN, ÇA !
AH ! VOUS, C'EST PLUTÔT LES FEMMES QUE VOUS NE COMPRENEZ PAS, HEIN ?

LES NOUVEAUX BEAUFS : Ô SAISONS, Ô CHÂTEAUX… D'EAU

RIVIÈRES À SEC… CONCOURS DE PÊCHE ANNULÉS…
VA-T-ON FAIRE FONDRE LE PÔLE NORD POUR ARROSER NOS GOLFS ?
LES FONTS BAPTISMAUX À SEC !
…FAIRE FONDRE TOUS NOS GLACIERS…
…POUR NOS CANONS À NEIGE ?
LA VÉRITÉ QUI SORT DU PUITS
…À SEC
…VIVEMENT UNE BONNE DOUCHE !
ET AQUABOULEVARD… À SEC !
SERA-T-ON OBLIGÉS DE PRENDRE DES DOUCHES À 4, 6 OU 8 ?
…MAIS
LE PIRE C'EST L'ANNULATION DES CONCOURS DE TEE-SHIRTS MOUILLÉS…

LES NOUVEAUX BEAUFS : L'ÉTÉ EN PENTE PAS DOUCE

CHICHIS! CHOUCHOUX! CHONCHONS!
ENCORE!
TESTOSTERONE! AMPHÉS! EPO!
OREILLERS ET POUPÉES GONFLABLES! GANTS MAPA! PRÉSERVATIFS!
LIGNES DE LA MAIN! PLAN DE CARRIÈRE!
QU'EST-CE QU'ON PEUT ÊTRE EMMERDÉ SUR UNE PLAGE!
LE TUBE DE L'ÉTÉ : "KATIOUCHAS"!
DÉGAGE! JE FAIS MA SIESTE!
MANQUAIT PLUS QUE ÇA! ... DES BOAT-PEOPLE!
L'AN PROCHAIN J'IRAI À LA MONTAGNE!

LES NOUVEAUX BEAUFS : REVENONS AUX FONDAMENTAUX

Euro 2012 de foot.

QUAND ON ENTEND LES BOUM BOUM OBSÉDANTS DANS LES RUES...
QUAND ON RENIFLE L'ODEUR DE MERGUEZ À L'HUILE SOLAIRE...
QUAND LES CIGALES...
PROTESTENT
...CONTRE LES FESTIVALS DE ROCK
QUAND TOUTE UNE TERRASSE HURLE BUUUUUUUT
EUROFOOT
QUAND LES ENFANTS RÔTISSENT À L'ARRIÈRE DES VOITURES...
MA GLACE! ÇA FAIT DEUX HEURES QU'ELLE A FONDU!
QUAND VIENNENT LES POTS D'ADIEUX DE BUREAU
QUAND LE VOISIN DU DESSUS HONORE LA VOISINE...
...LES FENÊTRES GRANDES OUVERTES...
QUAND, MAIN DANS LA MAIN, ON SAUTE JOYEUSEMENT...
...LES FEUX DE LA ST JEAN...
...ALORS OUI, C'EST VRAIMENT L'ÉTÉ!

LES NOUVEAUX BEAUFS EN VACANCES : LE TEMPS DES RENCONTRES ET DES ÉCHANGES

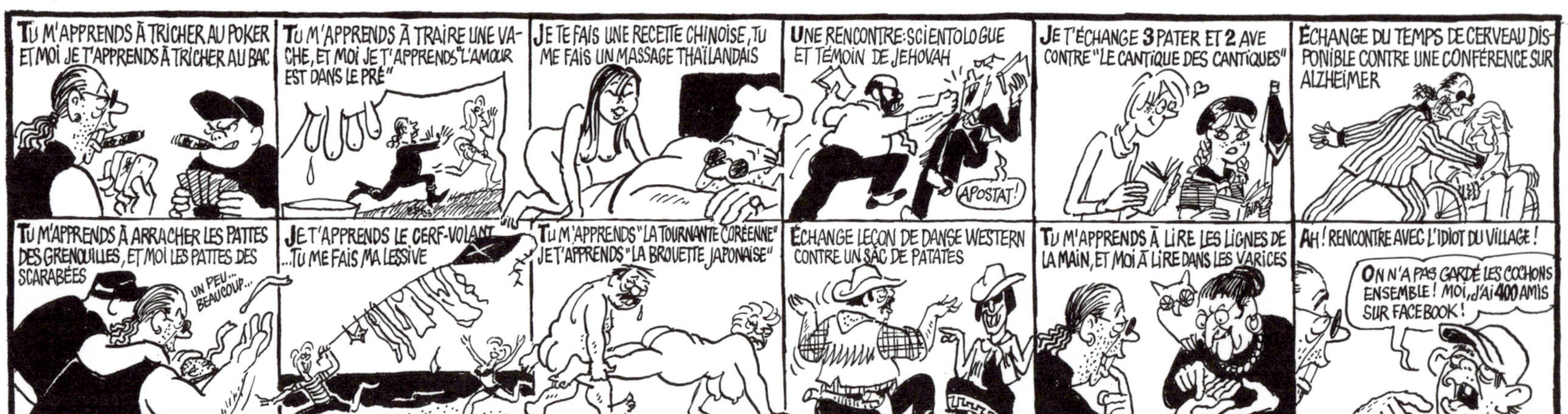
TU M'APPRENDS À TRICHER AU POKER ET MOI JE T'APPRENDS À TRICHER AU BAC
TU M'APPRENDS À TRAIRE UNE VACHE, ET MOI JE T'APPRENDS "L'AMOUR EST DANS LE PRÉ"
JE TE FAIS UNE RECETTE CHINOISE, TU ME FAIS UN MASSAGE THAÏLANDAIS
UNE RENCONTRE : SCIENTOLOGUE ET TÉMOIN DE JEHOVAH
APOSTAT!
JE T'ÉCHANGE 3 PATER ET 2 AVE CONTRE "LE CANTIQUE DES CANTIQUES"
ÉCHANGE DU TEMPS DE CERVEAU DISPONIBLE CONTRE UNE CONFÉRENCE SUR ALZHEIMER
TU M'APPRENDS À ARRACHER LES PATTES DES GRENOUILLES, ET MOI LES PATTES DES SCARABÉES
UN PEU... BEAUCOUP...
JE T'APPRENDS LE CERF-VOLANT ...TU ME FAIS MA LESSIVE
TU M'APPRENDS "LA TOURNANTE CORÉENNE" JE T'APPRENDS "LA BROUETTE JAPONAISE"
ÉCHANGE LEÇON DE DANSE WESTERN CONTRE UN SAC DE PATATES
TU M'APPRENDS À LIRE LES LIGNES DE LA MAIN, ET MOI À LIRE DANS LES VARICES
AH! RENCONTRE AVEC L'IDIOT DU VILLAGE!
ON N'A PAS GARDÉ LES COCHONS ENSEMBLE! MOI, J'AI 400 AMIS SUR FACEBOOK!

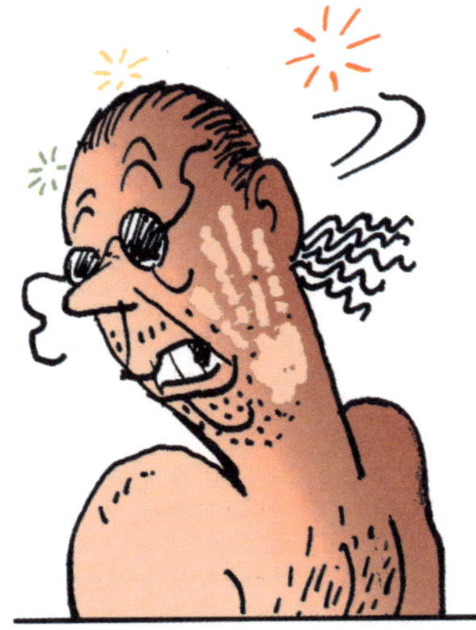

LES NOUVEAUX BEAUFS SE PRÉPARENT POUR LES VACANCES

AAAH !
VACANCES
IBIZA ? MIAMI ? HONOLULU ? St TROPEZ ?
À MOI LES NANAS DE L'ÉTÉ !
AH AH !
...MAIS AUPARAVANT, LE TEST DU MAILLOT...
AH !
CHANGEMENT DE PROGRAMME ! VACANCES MÉDICALES : LIPOSUCCION DES POIGNÉES D'AMOUR LÀ OÙ C'EST LE MOINS CHER... AH !...CORÉE DU SUD !
...ET POUR MOI... DES IMPLANTS PIP
BON, ALORS ...CORÉE DU NORD !

LES NOUVEAUX BEAUFS : SEA, SEX AND SUN... OU RETRAITE SPIRITUELLE ?

SUR LA PLAGE, MOI C'EST PLUTÔT 1000 FOIS PAR JOUR
SONDAGE
LES HOMMES PENSENT EN MOYENNE À UN ACTE SEXUEL 15 FOIS PAR JOUR
LES FEMMES 10 FOIS PAR JOU
UN SONDAGE COMME ÇA MÉRITE D'ÊTRE VÉRIFIÉ...
J'ESPÈRE NE PAS ÊTRE EN DÉCALAGE HORAIRE...
RATÉ ! ON N'ÉTAIT PAS SYNCHRO !
BON ! C'EST DÉCIDÉ, JE VAIS ME RESSOURCER : 8 JOURS DANS UN MONASTÈRE !
BEAU VOYAGEUR, JE SENS QU'ENTRE NOUS IL Y A CONCORDANCE DES TEMPS... HEIN ?

LES NOUVEAUX BEAUFS SE REPLIENT SUR L'HEXAGONE

LES VACANCES EN FRANCE ÇA NE VAUT PAS DES VACANCES EN TUNISIE...
QU'EST-CE QU'ON VA RAMENER COMME SOUVENIRS ?
DANS UN SUPERMARCHÉ EN FRANCE, C'EST MAL VU DE MARCHANDER COMME DANS UN SOUK TUNISIEN...
EN FRANCE, LE BACKCHICH AUSSI EST MAL VU...
POLICE
LE PONEY, ÇA NE VAUT PAS LES PROMENADES À CHAMEAU
...ET SURTOUT
LE PLAISIR DE FAIRE SUER LE BURNOUS FAISAIT PARTI DES VACANCES, BON SANG !
PAS ASSEZ RELEVÉ VOTRE COUSCOUS
...C'EST PAS AVEC ÇA QU'ON VA ATTRAPER UNE BONNE TURISTA !
PAR CHANCE, NOUS AVONS FINI PAR TROUVER UN CLUB DE VACANCES EN FRANCE QUI A RECUEILLI UN ANCIEN GARDE DU CORPS DE BEN ALI COMME COACH...
I ♡ BEN ALI
ENFIN UN PEU DE TUNISIE !

EN VACANCES, JE REDEVIENS MAÎTRE DU TEMPS...

LES NOUVEAUX BEAUFS REMPLAÇENT L'HORLOGE PARLANTE

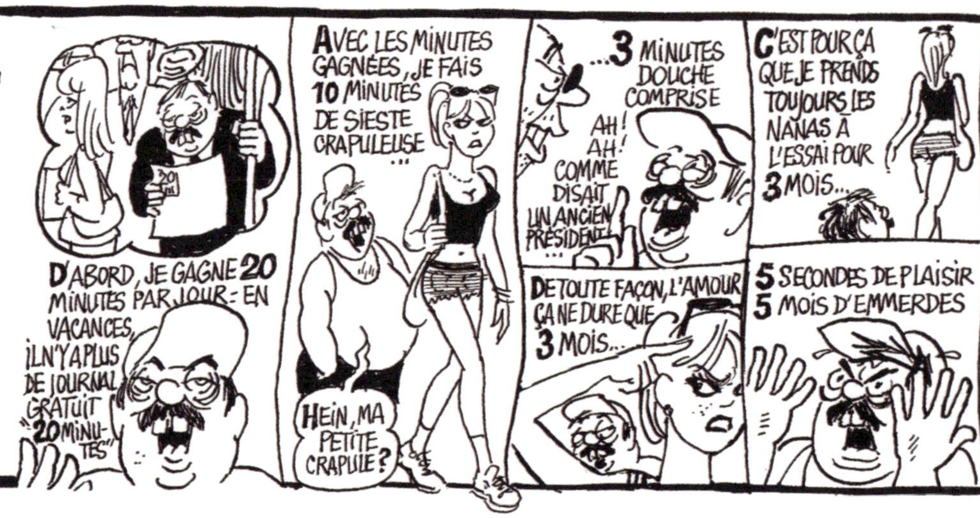
D'ABORD, JE GAGNE 20 MINUTES PAR JOUR : EN VACANCES, IL N'Y A PLUS DE JOURNAL GRATUIT "20 MINUTES"
AVEC LES MINUTES GAGNÉES, JE FAIS 10 MINUTES DE SIESTE CRAPULEUSE...
HEIN, MA PETITE CRAPULE ?
...3 MINUTES DOUCHE COMPRISE
AH ! AH ! COMME DISAIT UN ANCIEN PRÉSIDENT...
DE TOUTE FAÇON, L'AMOUR ÇA NE DURE QUE 3 MOIS...
C'EST POUR ÇA QUE JE PRENDS TOUJOURS LES NANAS À L'ESSAI POUR 3 MOIS...
5 SECONDES DE PLAISIR
5 MOIS D'EMMERDES

JE CONTRÔLE TOUT : C'EST POUR ÇA QUE JE DIS :
IL NOUS FAUDRAIT MARINE LE PEN... POUR 6 MOIS !

AH !

LES NOUVEAUX BEAUFS ONT TOUJOURS DES BONS PLANS POUR VOS VACANCES

MONSIEUR DSK, COMME VOUS POUVEZ PASSER VOS VACANCES AUX ÉTATS-UNIS, JE PEUX VOUS PROPOSER…
...DE SURFER À HAWAÏ
...EASY RIDER SUR LA ROUTE :
66
CHASSEUR D'OURS EN ALASKA
UN RODÉO AU TEXAS
UN TOURNOI DE POKER À LAS VEGAS
OU INCOGNITO DANS UNE RÉSERVE D'INDIENS...
MAIS JE VOUS RECOMMANDERAIS PLUTÔT UN SÉJOUR CHEZ LES QUAKERS...
JE PRÉFÉRAIS PLUTÔT CHEZ LES MORMONS ... ILS SONT POLYGAMES, AU MOINS !

LES VACANCES DE L'EXTRÊME DES NOUVEAUX BEAUFS

J'AI PASSÉ MES VACANCES À LA LIMITE DE LA TERRE ET DE LA MER...
...AVEC UNE NANA ...
À LA LIMITE DE LA SENSUALITÉ ET DE LA VULGARITÉ ...
...AVEC SON BEAU-FRÈRE GARÇON DE PLAGE ...
COPÉ
MARINE
JEAN-MARIE
MARION
...À LIMITE UMP-LIMITE-LIMITE FN...
...À LA LIMITE DU TASTEVIN ET DE LA CIRRHOSE DU FOIE...
...À LA LIMITE DE LA FAMILIARITÉ ET DE L'IMPOLITESSE
CHAMPAGNE ET CAVIAR !
MENU
UN SÉJOUR À LA LIMITE DU NABAB ET DU QATARI
À LA LIMITE DE L'AMOUR DE VACANCE ...
... ET DE LA NOTE DE FRAIS
ET EN RENTRANT, JE DÉCOUVRE MA BOITE À LA LIMITE DE LA FAILLITE ET DU DÉPÔT DE BILAN !
DÉMÉNAGEMENT

LES NOUVEAUX BEAUFS RÉSERVENT POUR LEURS VACANCES

EN PROMOTION POUR CET ÉTÉ...
CROISIÈRES
...UNE CROISIÈRE AVEC JULIEN LEPERS... ...NON ?
ALORS UNE CROISIÈRE AVEC JEAN-PIERRE PERNAUT ?
OUI MAIS... TROIS SEMAINES AVEC LE DERNIER SABOTIER AUVERGNAT...
OU UNE CROISIÈRE AVEC ARDISSON ... ÇA NE VOUS FAIT PAS ENVIE ?
ON NE PEUT PAS CHOISIR SEULEMENT SES HOTESSES ?
OU BIEN UNE CROISIÈRE AVEC JEAN-LUC DELARUE ...
OUI, MAIS SI LE MAL DE MER LUI TOURNE LE CIBOULOT ?
OU ENCORE TROIS SEMAINES DE CROISIÈRE AVEC CAUET ET PPDA ?
NON À LA DOUBLE PEINE !
ET VOUS N'AURIEZ PAS UNE CROISIÈRE AVEC JEAN-MARC SYLVESTRE OU JEAN-PIERRE GAILLARD ?
CROIS
JE VOUDRAIS SURTOUT UNE CROISIÈRE POUR ALLER DANS LES PARADIS FISCAUX !

LES NOUVEAUX BEAUFS ET LA PROMISCUITÉ EN VACANCES

VOUS POUVEZ DÉJA CHOISIR L'EMPLACEMENT DE VOTRE CARAVANE...
PAS LÀ, C'EST PLEIN DE PARISIENS...
PAS LÀ, DES MÉRIDIONAUX ÇA SENT L'AIL !...
PAS LÀ, YA UN TATOUÉ AVEC UN PIT-BULL...
PAS LÀ, C'EST DES ROMS !...
PAS LÀ, C'EST LES POUBELLES...
PAS LÀ YA DES FEMEN...
ET QUE DIRIEZ-VOUS D'UNE PETITE CROISIÈRE ? Y A ENCORE DE LA PLACE...
VOUS AVEZ LE CHOIX ENTRE 4000 CABINES

LES NOUVEAUX BEAUFS CHIFFRENT TOUT

30% DE RÉCOLTES EN MOINS !
ÉTÉ POURRI À 100%
50% DE COUVERTS EN MOINS !
100% DE NAGEURS EN MOINS
DIRECTION LE SUD !
80% DE SOLEIL EN PLUS !
AH ! 100% DE LIBIDO EN PLUS !
FEUX DE FORÊT : 50 DEGRÉS EN PLUS !
SALLE POLYVALENTE : 100% D'OCCUPATION
CELLULE DE SOUTIEN PSYCHOLOGIQUE... OUI, À 100% !
...MAIS SEAU D'EAU SUR MA LIBIDO
ÉTÉ POURRI À 100% !

BRASSE COULÉE POUR LES NOUVEAUX BEAUFS

NEW-YORK ! LA VILLE DE TOUS LES POSSIBLES !
TAXI
À MOI LA "GROSSE POMME"
À MOI LES RODÉOS À 3 HEURES DU MATIN !
À MOI
LES BAINS DE MINUIT AU CHAMPAGNE...
MAIS J'ÉTAIS VENU À NEW-YORK POUR COURIR LE MARATHON DONC, CE MATIN-LÀ JE SORS DE L'HÔTEL EN PETITE TENUE...
... POUR M'ENTRAÎNER... ET PAN !... L'OURAGAN SANDY !...
IMPOSSIBLE DE RENTRER À L'HÔTEL : UNE GRUE EN HAUT D'UN GRATTE-CIEL EN CONSTRUCTION MENACE TOUT LE PÂTÉ DE MAISONS
C'EST COMME ÇA QUE J'AI PASSÉ TROIS NUITS DANS UN GYMNASE (CENTRE D'ACCUEIL) DANS LE SUD DE MANHATTAN, LA VILLE DE TOUS LES POSSIBLES...
cabu

VACANCES ÉCONOMIQUES : LES NOUVEAUX BEAUFS ET LEURS MOUTARDS

ÇA VA, ILS SONT SAGES... ILS JOUENT À L'ÉPICIÈRE
LA MAISON NE FAIT PLUS CRÉDIT !
LA BANQUE CENTRALE EUROPÉENNE REFUSE DE PAYER VOTRE ARDOISE...
VOTRE CRÉANCIÈRE A PEUR DE NE PAS RÉCUPÉRER VOTRE DETTE...
TROP FACILE DE SPÉCULER AVEC LE SABLE !
NON !
... PAS DE VENTE À DÉCOUVERT !
TROP TARD, VOUS ÊTES DÉGRADÉS ! LES MARCHÉS NE VOUS FONT PLUS CONFIANCE !
AUCUNE PERSPECTIVE DE CROISSANCE... UNE RUMEUR ME DIT QUE MA BANQUE VA SE PAYER SUR LA BÊTE...
ET MOI, JE VOUS PROPOSE ÇA COMME AGENCE DE NOTATION
CAHIER DE DEVOIRS DE VACANCES
À BAS LES AGENCES DE NOTATION !

LES NOUVEAUX BEAUFS ET LES CATASTROPHES NATURELLES

J'AURAIS DÛ ME TROUVER EN PLEIN TYPHON AU JAPON... HEUREUSEMENT JUSTE AVANT, JE ME SUIS CASSÉ LA JAMBE AU SKI...
J'AURAIS DÛ ME TROUVER EN ARMÉNIE PENDANT LE TREMBLEMENT DE TERRE, MAIS COUP DE POT, MA BELLE-SOEUR EST MORTE SUBITEMENT...
J'AURAIS DÛ ME TROUVER EN PLEINE ÉRUPTION DU POPOCATEPELT, MAIS LA CHANCE TOUJOURS, J'AI ÉTÉ PRIS EN OTAGE LA VEILLE...
C'EST TOUT ?
MOI, MA BELLE-SOEUR, ELLE A PAS EU VOTRE CHANCE ELLE A PERDU UN BRAS À BALI...
...ELLE A PERDU UNE JAMBE À MADRID, LA MOITIÉ DE LA CERVELLE EN EGYPTE...
...ELLE A PERDU UN OEIL EN TURQUIE ET L'AUTRE PIED EN THAÏLANDE...
MAIS FAUT VITE LA FAIRE CLONER !

LE FILS DU BEAUF

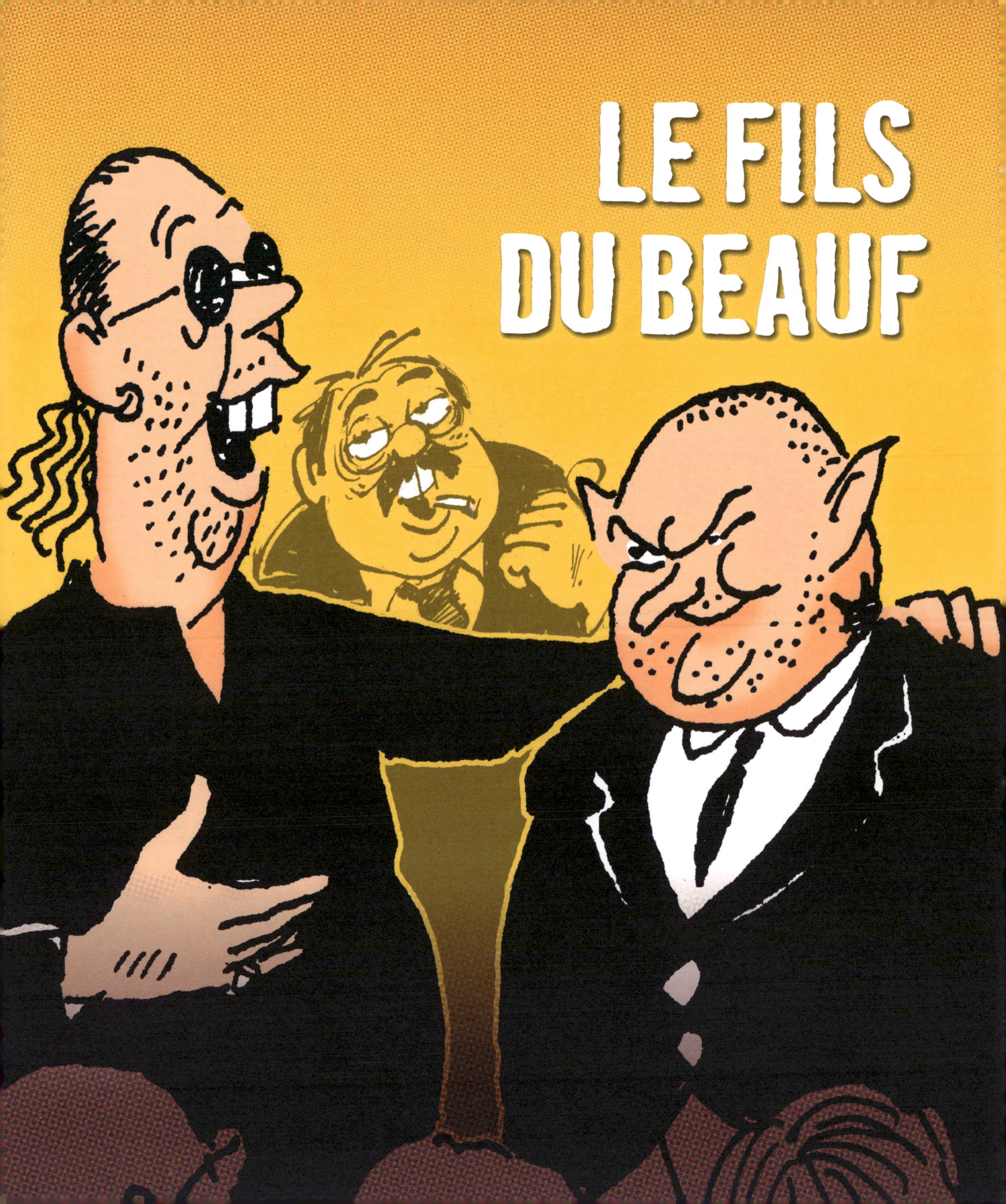

Après le Beauf, le Nouveau Beauf songe à sa succession. En octobre 2014, son propre fils fait son apparition dans les strips du *Canard enchaîné*. Il a la boule à zéro, un diamant dans l'oreille. Il est dans « l'événementiel ».

LE FILS DU BEAUF

Mercredi 29 octobre 2014.

COMME JE SUIS DÉBORDÉ DANS MA BOÎTE DE COM', JE LANCE MON FILS DANS L'ÉVÉNEMENTIEL...
À TOI, FISTON !...
BYGMALION
SMALLMALION
UN NOUVEAU CONCEPT POUR LES MEETINGS DE SARKOZY ÉCO-NO-MI-QUES !
AVEC NADINE MORANO AU SERVICE D'ORDRE...
AVEC HORTEFEUX CHAUFFEUR DE SALLE...
APPLAUDIS!
HOU! HOU!
RIEZ!
ÉRUCTEZ!
AVEC SARKOZY EN PHOTOS PAYANTES...
AVEC PATRICK BUISSON À LA PRISE DE SON...
...MAIS IL N'A PAS VOULU... IL ÉCRIT UN LIVRE...
ET POUR REMPLIR, FINIS LES TGV HORS DE PRIX : JE FAIS DES RAFLES...
PôleEmploi
...DE FIGURANTS À PÔLE EMPLOI, QUE JE PAIE DES QUEUES DE CERISE !
cabu

LE FILS DU BEAUF ET LA TÉLÉRÉALITÉ DES POLITIQUES

Mercredi 5 novembre 2014.

FISTON ! LA CHAÎNE D8 CHERCHE DES POLITIQUES QUI ACCEPTENT DE SE DÉGUISER EN VRAIES GENS POUR MIEUX APPRÉHENDER LES RÉALITÉS QUOTIDIENNES DES CITOYENS...
J'AI CE QU'IL VOUS FAUT ! UN CASTING D'ENFER PRÊT À TOUT !
COPÉ DÉGUISÉ EN VENDEUR DE PISCINES...
WOERTH DÉGUISÉ EN JOCKEY...
MARTINE AUBRY...
...EN VIDEUSE AU CARLTON
JULIEN DRAY VENDEUR DE MONTRES À LA SAUVETTE...
MAM HÔTESSE DE L'AIR SUR TUNISAIR...
...ET JEAN-MARIE LE PEN...
...EN MARINE LE PEN !
DOMMAGE... ELLE S'EST DÉGONFLÉE...
cabu

LE FILS DU BEAUF TRAVAILLE POUR LE 3E ÂGE

Mercredi 12 novembre 2014.

FISTON ! TU AS UN BON COUP ÉVÉNEMENTIEL À FAIRE AVEC "LES VIEILLES CANAILLES POLITIQUES" EN TOURNÉE DANS TOUTES LES MAISONS DE RETRAITE !
MONSIEUR GISCARD, VOUS POURREZ RACONTER VOS AMOURS CHUINTANTES...
MONSIEUR PASQUA, VOUS POURRIEZ LANCER UNE GRANDE TOURNÉE RICARD POUR LE 3E ÂGE...
MONSIEUR CHARASSE... DES SKETCHES DE COLUCHE...
MADAME ET MONSIEUR BALKANY SUR L'INVESTISSEMENT IMMOBILIER DANS LES DOM-TOM...
BERNADETTE...
POUR...
INCITER DES VOCATIONS...
... D'AIDE À DOMICILE...
ET MOI ?... PARCE QUE J'AI ENVIE DE PROMOUVOIR LES ÉNERGIES RENOUVELABLES ! MOI !
GÉGÈNE

LE FILS DU BEAUF EST POUR LA PMA

Mercredi 19 novembre 2014.

AUX ÉTATS-UNIS, ON PEUT CHOISIR UN GARÇON OU UNE FILLE... DES YEUX BLEUS OU VERTS, UN WASP OU UN HIPSTER...
EH BIEN, MOI, JE VAIS LANCER UNE BANQUE DU SPERME DE PRIX NOBEL
ET COMMENT TU VAS PROUVER QUE C'EST BIEN DU SPERME DE PRIX NOBEL ?...
... AVEC DES (FAUX) BULLETINS SCOLAIRES DE (FAUX) PRIX NOBEL...
MATHS 20/20 c'est un génie !
FRANÇAIS 20/20 Heureux parents !
ANGLAIS 20/20 Un extraterrestre !
PHISIQUE 20/20 Il m'en apprend !
CHIMIE 20/20 un enfant prodige !
... ET EN CAS D'ACCIDENT, ON PEUT TOUJOURS INVOQUER DES PRIX NOBEL DE COULEUR...
... VOYEZ MGR TUTU !

LE FILS DU BEAUF À LA CHASSE AUX CERVEAUX QUI PARTENT À L'ÉTRANGER

Mercredi 26 novembre 2014.

PAPA ! JE ME LANCE DANS LES DRONES !
JE CRÉE UNE SOCIÉTÉ DANS L'INTÉRÊT DES FAMILLES...
PETITE MADAME, JE SUIS CAPABLE DE RETROUVER VOTRE FILS AU DJIHAD !
ON LE RETROUVERA PUISQUE VOUS ME DITES QU'IL NE SE LAVAIT PAS...
GRAT GRAT GRAT
...QU'IL SE GOINFRAIT DE NUTELLA COMME TOUS LES ADOS...
...ET QU'IL NE RANGEAIT JAMAIS SA CHAMBRE...
PORNO 70 VIERGES
FINALEMENT, J'AI GUÈRE ENVIE QU'IL REVIENNE
ET VOILÀ ! NOUS AVONS RETROUVÉS VOTRE FILS : RASSUREZ-VOUS, IL EST SEULEMENT RÉMOULEUR, UN SIMPLE AIGUISEUR DE COUTEAUX !
cabu

LE FILS DU BEAUF : SON COMBAT CONTRE LE "PÉRIMÉ"

Mercredi 3 décembre 2014.

CONTRE L'OBSOLESCENCE PROGRAMMÉE
JE PRÉPARE UN CONGRÈS DE CONSOMMATEURS...
cabu
...SUR LA DURÉE PROGRAMMÉE DES BAGNOLES...
...ET DES MACHINES À LAVER...
...SUR LA DURÉE DES ORDINATEURS QUI TIENNENT JUSQU'À LA MISE EN VENTE D'UN NOUVEL APPAREIL...
VOUS AUSSI, AU BOUT DE...
NEUF MOIS, VOUS ÉTIEZ DÉJÀ PROGRAMMÉ POUR L'OBSOLESCENCE...
ET, PAR CORRECTION, JE NE PARLERAI PAS DE LA DURÉE DE VIE DE VOTRE CONJOINTE...
...MAIS JE PEUX VOUS ANNONCER UNE BONNE NOUVELLE, COMMUNIQUÉE PAR NOTRE SPONSOR...
...EDF, QUE JE REMERCIE
...ET QUI CONCERNE LA DURÉE DE VIE D'UNE CENTRALE NUCLÉAIRE...
...ELLE EST PASSÉE, D'UN SEUL COUP, DE 40 ANS HIER À 60 ANS AUJOURD'HUI !

LE FILS DU BEAUF VEUT DEVENIR ÉTERNEL

Mercredi 10 décembre 2014.

SALON DE LA VIE ÉTERNELLE
PAPA !... J'ORGANISE LE PREMIER SALON DE L'IMMORTALITÉ !
cabu
ON NE MOURRA JAMAIS ! ON FERA DES ÉCHANGES STANDARDS AVEC TOUS LES ORGANES DÉFAILLANTS...
J'ÉCHANGE UN FOIE D'ALCOOLIQUE CONTRE UN ESTOMAC D'AUTRUCHE !
L'IMMORTALITÉ, ÇA PEUT ÊTRE LONG SI T'AS UNE VOISINE QUI T'EMMERDE
HÉLAS ! JE N'AVAIS PAS PENSÉ AUX RELIGIONS...
SI ON NE PEUT PLUS PROMETTRE LE PARADIS DANS L'AU-DELÀ...
...C'EST LE CHÔMAGE POUR NOUS !
...ON NE POURRA PLUS RÉCOLTER L'ARGENT DU DENIER DU CULTE !

LE FILS DU BEAUF, SPÉCIALISTE DE L'ÉVÉNEMENTIEL

Mercredi 17 décembre 2014.

...ET LA MOTION FINALE DÉNONCERAIT L'ÉTAT FRANÇAIS, QUI N'A PAS EMPÊCHÉ DES GOUROUS MALFAISANTS DE NOUS GÂCHER NOTRE JEUNESSE...
ÇA VA, FISTON ?
OUI, PAPA... CES MESSIEURS ME PROPOSENT D'ORGANISER LE 1ER CONGRÈS DES DJIHADISTES REPENTIS ET QUI ONT PAYÉ LEUR DETTE À LA SOCIÉTÉ...
Cabu
D'ABORD, ORGANISER UNE CÉRÉMONIE DE REMISE DE MÉDAILLES COMMÉMORATIVES...
NOUS AVONS PASSÉ LE PERMIS DE CONDUIRE AU DJIHAD ET NOUS VOUDRIONS AVOIR L'ÉQUIVALENCE...
NOUS EXIGEONS DE TOUCHER LES PRIMES DE RISQUE PROMISES ET DE POURSUIVRE LES AUTEURS DES BIZUTAGES CORPORELS...
...ET NOUS VOULONS SURTOUT ÊTRE DÉDOMMAGÉS DE LA PROMESSE NON TENUE DES 70 VIERGES...
VOILÀ L'IDÉE ! ON VA LANCER UN SITE DE RENCONTRES INTERNET RIEN QUE POUR VOUS : "70 VIERGES.COM!"

LE FILS DU BEAUF RECYCLÉ

Mercredi 23 décembre 2014.

PAPA ! JE VAIS TE RACONTER UN BEAU CONTE DE NOËL...
UN DE MES CLIENTS DE L'AGROALIMENTAIRE...
...ÉTAIT ACCUSÉ DE MÉLANGER UN PEU TROP...
...LA VIANDE DE BOEUF ET LA VIANDE D'ÂNE...
...MAIS
...JE L'AI PRÉSENTÉ À UN TOURNEUR : MIRACLE !... IL VA APPROVISIONNER L'AN PROCHAIN TOUTES LES CRÈCHES VIVANTES DE TOUTES LES MAIRIES DE DROITE...
MAIRIE
LA CRÈCHE
POST-SCRIPTUM DU CAHIER DES CHARGES : PENSER AUX ENFANTS ET NE PAS OUBLIER DE PLANQUER LES ATTRIBUTS DE L'ÂNE

LE FILS DU BEAUF IMPOSE UN RÉVEILLON CONSENSUEL

Mardi 30 décembre 2014.

ALORS, JEUNE CON, VOUS ALLEZ NOUS GÂCHER LA FÊTE...
...COMME CHAQUE ANNÉE AVEC VOS REFLEXIONS !
Cabu

ENCORE UN QUI AIMERAIT RÉVEILLONNER AVEC MARINE LE PEN... SINON, DE QUOI PARLER DES FONDAMENTAUX ? DE BAGNOLE ? NON, AVEC LES RADARS, ÇA VA DÉRAPER... DE FOOT ? NON AVEC LE QATAR, C'EST TROP POLITIQUE...
J'AI TROUVÉ...
...LA SANTÉ C'EST FÉDÉRATEUR !
MES MIGRAINES !
MON ORGELET !
MES GANGLIONS !
MON ZONA !
SI J'OSAIS JE VOUS RACONTERAIS MA TOTALE !
NON, PAS LA GASTRO !
LE SALAIRE DES STARS ? NON... NE PAS PARLER D'ARGENT... LES CRÈCHES DANS LES MAIRIES ?... LES BANCS INTERDITS AUX SDF ?.. NON, C'EST TROP CLIVANT, C'EST COMME LE FOIE GRAS...
ET MISS FRANCE... EUH... TOUT LE MONDE LA TROUVE JOLIE, HEIN...
AH NON, JE PRÉFÈRE MISS CÔTE D'AZUR !
AH NON ! MISS NORMANDIE !
AH NON ! MISS LORRAINE !...
...UN GROS BOUDIN !... ÇA N'EXISTE PLUS, LA LORRAINE ! VIVE MISS ALSACE !

LE FILS DU BEAUF AGENT DU MEDEF

Le fils du Beauf ne succédera pas longtemps à son père. Le dernier strip de Cabu est publié dans le *Canard enchaîné* qui paraît le 7 janvier 2015. Le jour même de l'attentat meurtrier contre *Charlie Hebdo*.

ÉVENEMENTIEL
ET SURTOUT LA SANTÉ !

HOLLANDE A PRÉSENTÉ SES VOEUX À SA TABLE DE TRAVAIL ... SI VOUS VOULEZ FAIRE COMPRENDRE À VOS EMPLOYÉS QUE VOUS ALLEZ SUPPRIMER LES 35 HEURES, JE VOUS CONSEILLE DE...
PRÉSENTER VOS VOEUX À CÔTÉ DE LA POINTEUSE ...

POUR FAIRE PASSER LE MESSAGE QUE VOUS ALLEZ RÉDUIRE LES TEMPS DE PAUSE ? ... VOS VOEUX DEPUIS LA CAFÉTÉRIA ...
VOUS VOULEZ MOINS DE CONTRATS DE TRAVAIL ? PRÉSENTEZ VOS VOEUX À CÔTÉ DE LA DÉCHIQUETEUSE ...
ET POUR FAIRE COMPRENDRE CYNIQUEMENT QU'ILS DEVRONT TRAVAILLER LE DIMANCHE ...
... VOS VOEUX DEPUIS VOTRE MAISON DE CAMPAGNE ...
ENTRE NOUS, JE VOUDRAIS DÉLOCALISER MON ENTREPRISE ...
... ALORS ENVOYEZ VOS VOEUX DEPUIS LA PASSERELLE DE VOTRE BOEING !
cabu

Le Canard enchaîné

Journal satirique paraissant le mercredi

99e ANNÉE – N° 4916 – mercredi 14 janvier 2015 – 1,20 €

D.O.M. 1,80 € - Suisse 2,60 FS - Belgique / Luxembourg / Grèce 1,40 € - Espagne / Port. Cont 1,60 € - Italie 1,80 € - Tunisie 2 dT - Maroc 15 MAD - Côte d'Ivoire, Gabon, Sénégal 900 CFA - Autriche, Allemagne 2,60 € - USA 3 $ - Canada 3,95 Dc - GB 1,50 £

Le message de Cabu : "Allez les gars, ne vous laissez pas abattre !"

L'heure est tragique, rions !

« LE CANARD » n'avait pas besoin de cette tuerie pour se sentir en sympathie avec « Charlie », massacré à l'arme de guerre pour avoir publié des dessins satiriques. La tragédie nous a laissés, comme beaucoup, en état de choc. Sans doute un peu plus fracassés que d'autres, nous n'avons pas eu le cœur de répondre aux médias qui nous demandaient de commenter à chaud l'impensable, l'abominable, la mort des douze Charlie, dont Cabu.

Entre « Le Canard », presque centenaire, et son cadet, la proximité satirique et la communauté de pensée sautent aux yeux. Les deux hebdos tirent dans le même sens, chacun à sa façon. Ils se sont affirmés, l'un et l'autre, comme des défenseurs virulents de la laïcité – un mot trop peu prononcé, ces derniers jours –, comme des démystificateurs, frondeurs, impertinents, irrespectueux. Avec pour seules armes le stylo et le rire.

Cet état d'esprit, Maurice Maréchal, qui a fondé « Le Canard », en pleine guerre de 1914, l'avait défini ainsi :

« Mon premier mouvement, quand je vois quelque chose de scandaleux, c'est de m'indigner ; mon second mouvement est de rire ; c'est plus difficile mais plus efficace. »

Aujourd'hui plus que jamais, nous mesurons la difficulté de relever le défi, la difficulté de réaliser un journal à la hauteur de l'événement. Et, soudain, nous nous sentons tout petits.

L'actualité, qui, heureusement, ne manque pas de talent, multiplie les clins d'œil. « Charlie », l'ennemi des symboles, érigé lui-même en symbole ? La cérémonie aux Invalides organisée en hommage à des antimilitaristes ? Le Premier ministre turc osant manifester à Paris en faveur de la liberté d'expression, alors qu'il l'étrangle dans son propre pays ? Les Charb, Cabu, Tignous, Maris, Wolinski et les autres Charlie promus chevaliers de la Légion d'honneur à titre posthume ? Le glas de Notre-Dame qui retentit pour saluer leur mémoire ? La fiente de pigeon qui s'abat, en début de manif, sur Hollande, juste avant qu'il étreigne Patrick Pelloux ?

Ce signe tombé du ciel a eu le mérite de faire éclater de rire le dessinateur Luz et ses amis de « Charlie ».

Rions ! Aux larmes.

Michel Gaillard

UN POUR TOUS, TOUS CHARLIE !

UN fauteuil vide hier à l'heure du bouclage et pas de tranches de pain au levain entre ses porte-plumes, ses crayons et ses flacons d'encre de Chine. Cabu n'était pas là, mais il est excusé. C'était le jour de son anniversaire, mais, voilà exactement une semaine ce mercredi, dans un autre bureau, sur un fauteuil de même style, il a été massacré. Et, avec lui, onze de ses (de nos) copains de « Charlie ». Pourquoi ? Pour des dessins ! Autrement et vite dit, pour trois fois rien.

Vite dit, parce que, si, dans la forme, ce constat est vrai, il a été formidablement démenti dans le fond par les faits. Des centaines et des centaines de milliers de personnes descendues dans la rue à Paris, dans toute la France et ailleurs dans le monde, pour les saluer et pour défendre la liberté d'expression au nom de laquelle ils ont été déchiquetés par des islamistes terroristes trépanés, ce n'est évidemment pas rien !

Pas rien, non plus, cet unanimisme inédit d'une classe politique où seuls les Le Pen ont détonné. Pas rien, cette brochette impensable et iconoclaste de chefs d'Etat dont certains, en matière de sens de l'humour et de droit à la satire, défendent dans leurs contrées des conceptions plus proches de celles des assassins que des assassinés.

Pas rien, encore, dans ce mélange de deuil, de colère, de fraternité, d'émotion, de connerie solennelle et de récupérations diverses et variées, que cet indéniable mouvement. Un mouvement solide et puissant qui résiste à tout ce qui, du tocsin à la Légion d'honneur, du pape aux tortionnaires en passant par tous ceux qui en ont profité pour tirer le catafalque à eux, aurait fait bondir en même temps que nous et éclater de rire Cabu et toute la bande de « Charlie ». Pas rien, vraiment, que ce bel élan qui nous fait du bien !

Un élan dont sont bien sûr indissociables nos compatriotes juifs abattus dans l'Hyper Cacher par un autre décérébré au nom d'un islamisme barbare et dévoyé qui nourrit aux sources de la même intolérance son antisémitisme forcené. Pas rien, le fait de constater que, jusque-là, cette terreur islamiste ne parvient pas à ses fins. Les attaques n'ont pas envenimé le communautarisme : au lieu de diviser les gens, elles les ont rapprochés.

Notre ami Cabu n'a pas fini de nous manquer. Les commémorations, les hommages, les médailles et la solennité n'étaient pas sa tasse de thé (d'autant qu'avec les gâteaux il préférait le café). Mais, dans tout cet inimaginable bouleversement avant que ce bel unanimisme, qui commence déjà se lézarder, ne finisse par voler en éclats, il n'aurait pas manqué de se réjouir avec nous des contorsions de Sarko (*lire p. 2*) pour se hausser en bonne place sur la photo.

Il aurait peut-être été un rien embarrassé de servir indirectement à Hollande à regagner la popularité qui lui faisait tant défaut. Et à la réconciliation de la police avec la population, elle aussi. Il n'aurait pas manqué non plus de rire plus fort en constatant que « Charlie », qui souffrait de trop peu d'acheteurs, est, d'un coup, passé à 3 millions. Comme toutes les bonnes résolutions de cette terrible et extraordinaire semaine du 11 janvier, cela ne durera sans doute pas, mais peut-être que certains parmi eux retiendront que, les journaux, il est toujours mieux de les lire que de les pleurer.

Pour notre part, comme Cabu, comme les rescapés de « Charlie » et comme tous les garants de la liberté d'expression, nous allons continuer à *« rire de tout »* sauf avec la liberté de pouvoir le faire. Sur ce sujet, il ne faut pas rigoler du tout. Chacun, désormais, le sait bien. Autrement, Cabu et ses copains seraient morts pour rien.

Erik Emptaz

LES CIBLES

TUEZ LES CARICATURISTES ET LES POLICIERS
ET LES JUIFS DE TOUTES PROFESSIONS

Pétillon

La kalach ou la hache ?

« LE CANARD », prochaine cible des barbares, des fêlés du turban ? En d'autres temps, ce genre de mail de menaces, reçu, le 8 janvier, par la rédaction, aurait fini direct à la poubelle, comme tant d'autres. Là, on s'y arrête un instant.

« C'est votre tour », annonce ce message, qui précise que nous allons être découpés, non à la kalachnikov, mais **« à la hache »**. Au moment où il n'est pas facile de se fendre la gueule, ça tombe bien. Mais, vu le contexte, le procureur de la République a quand même pris l'affaire au sérieux, renforcé la surveillance du journal et ouvert une enquête.

On en est là, à l'heure hache.

M 00708 - 4916 - F: 1,20 €

A mourir de rire

MÊME le Beauf pleure. Il a pour une fois raison, mais, au « Canard », c'est le rire de Cabu que nous avons en tête. Un vrai, long rire haut perché, qu'on entendait dans toute la rédaction. Un rire qui donnait à l'auteur de la moindre vanne le sentiment d'être un comique planétaire, un rire qui faisait du bien, mais qui dérangeait les deux décérébrés qui l'ont déchiqueté à la kalachnikov.

Même quand Cabu ne riait pas, il était toujours de bonne humeur. Jamais il ne faisait triste figure. Il écoutait Charles Trenet tous les jours. Cabu était avenant, prévenant, souriant. Quand il vous rencontrait, et vous serrait la pince, il avait l'air sincèrement heureux. Et on l'était toujours de le voir. Tout l'intéressait, lui parlait. Et, quand il vous écoutait, ce n'était pas par politesse, jamais il ne semblait distrait, ailleurs, non, il était bien là, présent, attentif, pleinement là.

Avec les fans qui ne cessaient de lui tourner autour, il était attentif, semblait ne pas voir leur insistance un rien casse-pieds. Et, même avec les plus collants d'entre eux, il ne montrait pas le moindre signe d'agacement. Cabu n'était pas imbu de son talent, il n'avait pas l'ego boursouflé et ne se laissait pas non plus étouffer par ses dons. Lui, le dessinateur le plus populaire de France, était le moins intimidant des hommes. Il vous mettait instantanément à l'aise. Il s'adressait au simple lecteur de la même manière qu'aux personnages publics. Il était lui-même, très simplement, tous les jours, en toute circonstance. Un autre jour et en d'autres circonstances, il aurait sûrement pu discuter avec Chérif et Saïd Kouachi. Cabu aimait la vie comme il aimait les gens, et sans doute est-ce pour cela aussi que tant d'entre eux ont aujourd'hui l'impression d'avoir perdu leur meilleur ami.

Mardi dernier encore, au bouclage, discutant du bouquin de Houellebecq pour un dessin, il s'affligeait de constater que tous les best-sellers du moment donnaient **« dans le désespéré, le morbide, l'emmerdant »**... La semaine d'avant, à l'heure du café au bistro d'à côté, il avait dressé l'oreille et soudain lancé : **« Cab Calloway ! »** C'était le fameux « Hi De Ho » de son big band de légende que diffusait une radio. Et, tout à coup, on avait vu Cabu swinguer comme Cab, s'amuser comme un gamin. Le Grand Duduche jazzy était un collégien de 76 ans. Il continuait de ressembler au personnage de ses débuts. Il en conservait la coupe de cheveux, les petites lunettes rondes et la fraîcheur. Si les caves de Saint-Germain-des-Prés, son quartier, ne résonnaient plus beaucoup de sa musique préférée, ce fou de jazz, chaque année, de Marciac à Montreux, ne ratait pas un festival.

Mais sa première passion était évidemment le dessin. Il avait beau être un immense dessinateur, il n'en faisait pas tout un plat. Il dessinait avec virtuosité. Il pouvait ainsi, non pour faire un numéro de cirque, mais parce que la discrétion l'exigeait, réaliser une impeccable caricature les mains dans le dos, en quelques coups de crayon, sans être vu de son sujet. Il était capable de la même prouesse en dessinant sans sortir son crayon de sa poche ou dans le noir d'une salle de cinéma. Juste pour voir, faites l'essai…

(suite p. 4)

POUR EUX AUSSI, LE COMBAT CONTINUE

Et nous devons éliminer tous ceux qui font de l'humour sur le prophète !
C'est quoi l'humour ?

Lefred-Thouron

Le 14 janvier dans le numéro-hommage du *Canard* à Cabu et aux victimes, le Beauf en deuil est, lui aussi, Charlie.

LE TÉLÉPHONE ÉVOLUE, TOUT ÉVOLUE... SAUF LES LIVRES QUI RESTENT UNIQUEMENT DU PAPIER SANS PERMETTRE D'AUTRES FONCTIONS...
PARDON, SANS ÊTRE GROSSIER MOI, J'AI DÉJÀ UTILISÉ LE PAPIER POUR D'AUTRES FONCTIONS

Les éditions Michel Lafon remercient Madame Véronique Cabut.

www.cabu-officiel.com